Schwann

Rechnen: fehlerfrei
Bruchzahlen

Band 2

Horst Wippermann

Inhaltsverzeichnis

- 3 Eltern- und Lehrerinformation
- 4 Schülerinformation

E Einführung in die Bruchzahlen

- 5 Brüche überall
- 6 Kleingeld
- 7 Teile und Vielfache
- 8 Verfeinern und vergröbern
- 9 Gleichwertige Brüche
- 10 Brüche auf dem Zahlenstrahl
- 11 Bruchvergleiche

➕ Von Summen

- 12 Summenbilder
- 13 Von Summen
- 14 Additionen am Zahlenstrahl
- 15 Additionstafeln
- 16 Ungleiche Nenner
- 17 Kleinste gemeinsame Vielfache
- 18 Zahlenbild
- 19 Waagen im Gleichgewicht
- 20 Rechentürme

➖ Von Differenzen

- 21 Subtraktionen am Zahlenstrahl
- 22 Von Differenzen
- 23 Versteckte Zahlen
- 24 Zahlenbild
- 25 3 Aufgaben – 1 Ergebnis
- 26 Differenzengleiche Paare
- 27 Zum Abschneiden
- 28 Subtraktionstafeln
- 29 Differenzenbaum

➕➖ Von Summen und Differenzen

- 30 Rechenring
- 31 Von der 1 zur 2
- 32 Verlorene Bruchzahlen
- 33 Verschlüsselte Ziffern

• Von Produkten

- 34 Bruch mal Bruchzahl
- 35 Ein Bruch für zwei
- 36 Von Produkten
- 37 Gleiche Produkte
- 38 Multiplikationstafeln
- 39 Produkte in Quadraten
- 40 Produktenbaum
- 41 Verlorene Ziffern
- 42 Verschlüsselte Bruchzahlen

: Von Quotienten

- 43 Bruch und Kehrbruch
- 44 Von Quotienten
- 45 Versteckte Zahlen
- 46 Zahlenbild
- 47 Divisionstafeln
- 48 Bruchrechenstraße
- 49 Vergrößern und verkleinern
- 50 Verlorene Bruchzahlen
- 51 Quotientenbaum

• : Von Produkten und Quotienten

- 52 Flächen zum Ausmalen
- 53 Rechendreiecke
- 54 Nur zwei Ziffern
- 55 Rechenring

➕➖•: Von Punkt- und Strichrechnung

- 56 Rechenstern zum Ausmalen
- 57 Verlorene Rechenzeichen
- 58 Rechennetz
- 59 Rechennetz
- 60 Rechenpläne
- 61 Im Kreis herum
- 62 Kleeblatt
- 63 Verlorene Zahlen

- 64 **Regeln zur Erinnerung**

Fotos: Horst Wippermann, Köln
Herstellung: Offset-Team Zumbrink, Bad Salzuflen

© 1981 Pädagogischer Verlag Schwann-Bagel GmbH, Düsseldorf
Alle Rechte vorbehalten
Auflage: 5 4 3 / 85
ISBN 3-590-10351-5 (Schülerheft)

Eltern- und Lehrerinformation

Fehlerfrei rechnen können gehört wie Lesen und Schreiben zu den grundlegenden Fertigkeiten, ohne die eine erfolgreiche Arbeit in Schule und Ausbildung nicht möglich ist.

Zusammen mit Band 1 (Natürliche Zahlen), Band 2 (Bruchzahlen) und Band 3 (Dezimalzahlen) will dieses Trainingsprogramm die Kenntnisse der Rechenregeln auffrischen, vertiefen und deren Anwendung üben.

Einsatzmöglichkeiten dieses Trainingsprogramms:

Rechnen: fehlerfrei ist nicht an eine Jahrgangsstufe oder Schulform gebunden. Jedes Heft ist in sich abgeschlossen und kann unabhängig von den anderen Bänden eingesetzt werden

a) in der Schule
- als Ergänzung zum Mathematikbuch.
- als Übungsprogramm in Stütz- und Förderkursen, sowie im Verstärkungsunterricht.
- als Hilfe bei der inneren Differenzierung und zur individuellen Förderung.
- als Arbeitsmittel für den Vertretungsunterricht.

b) zu Hause
- als Ersatz für teure Nachhilfestunden. Eltern können sich schnell in die Aufgaben einlesen, ihren Kindern helfen und den Lernfortschritt kontrollieren.
- alle Rechenregeln werden an Beispielen erläutert. Darüberhinaus werden auf der letzten Seite die Regeln der Bruchrechnung noch einmal zum Nachschlagen zusammengefaßt.
- die Arbeitsanweisungen finden sich auf jeder Seite an der gleichen Stelle wieder.
- die Leitfigur gibt in Sprechblasen zusätzliche Hilfen oder Ansporn.
- Beispielaufgaben ermöglichen dem Schüler durch Nachrechnen die eigene Lösung zu überprüfen.
- viele Lösungen kann der Schüler mit Hilfe von Kontrollzahlen oder Kontrollbildern selbst überprüfen. Er wird ermutigt, Fehler selbständig zu suchen und zu berichtigen.
- die Zahl der Aufgaben auf jeder Seite ist so bemessen, daß der Schüler von der Fülle der Aufgaben nicht entmutigt wird.
- jede Seite ist in einer überschaubaren Zeit zu bearbeiten. Bei dem Schüler wird das Erlebnis verstärkt, etwas geleistet zu haben.

Alle Aufgaben sind aus der praktischen Unterrichtsarbeit entstanden. Dabei zeigte sich, daß es günstig ist, wenn die Schüler die Rechnungen in einem zusätzlich angelegten Rechenheft ausführen und nur die Lösungen in die Übungsblätter eintragen.

Zu diesem Buch gibt es eine **Lehrerausgabe** mit Lösungen.
ISB-Nummer 3-590-10396-5

Schülerinformation

Hallo!

▶ Kennst du mich schon aus einem der anderen Bände? Ich werde dich durch dieses Übungsheft begleiten und da, wo es vielleicht einmal notwendig sein sollte, Hilfen geben.

● Warum muß ich eigentlich die Bruchrechnung kennen und anwenden können?

▶ Die Bruchrechnung wird bei der Lösung vieler Probleme im praktischen Leben und natürlich auch im Unterricht gebraucht. Sieh dir zum Beispiel Seite 5 an.

● Aber sind die Regeln der Bruchrechnung nicht sehr schwer?

▶ Die Regeln zu den vier Grundrechenarten mit Bruchzahlen werden zu deiner Erinnerung noch einmal wiederholt. Wenn du die Beispiele nachrechnest und die Arbeitsanweisungen genau durchliest, wirst du die Regeln bestimmt bald kennen. Außerdem helfe ich dir auch, wenn du vielleicht nicht mehr weiter weißt. Auf der letzten Seite dieses Buches findest du noch einmal alle Regeln zusammengefaßt.

● Wie arbeite ich am besten mit diesem Übungsheft?

▶ Die Seiten mit dem Buchstaben E (E steht für Einführung) zeigen dir, wie Brüche entstehen und welche besonderen Eigenschaften sie haben. Willst du die Rechenregeln wiederholen, gibt dir das Rechenzeichen oben auf jeder Seite an, welche Rechenart auf dieser Seite behandelt wird. Zu jedem Rechenverfahren gibt es eine Einführungsseite, wohin du zurückblättern kannst, wenn du einmal unsicher bist.

● Für die Ausführung der Rechnungen ist aber zu wenig Raum gegeben?

▶ Trage am besten nur die Ergebnisse in dieses Übungsbuch ein. Die Rechnungen kannst du in einem Rechenheft ausführen.
Noch ein kleiner Tip: Wenn du die Lösungen zunächst mit Bleistift einträgst, kannst du ein falsches Ergebnis leicht wieder ausradieren. Für die Arbeit mit diesem Buch wünsche ich dir: Viel Erfolg und „Rechne fehlerfrei".

Dieses Buch gehört:

_____

Brüche überall   E

Arbeitsauftrag

Brüche begegnen uns überall. Welche Brüche erkennst du auf den Fotos?

Kleingeld

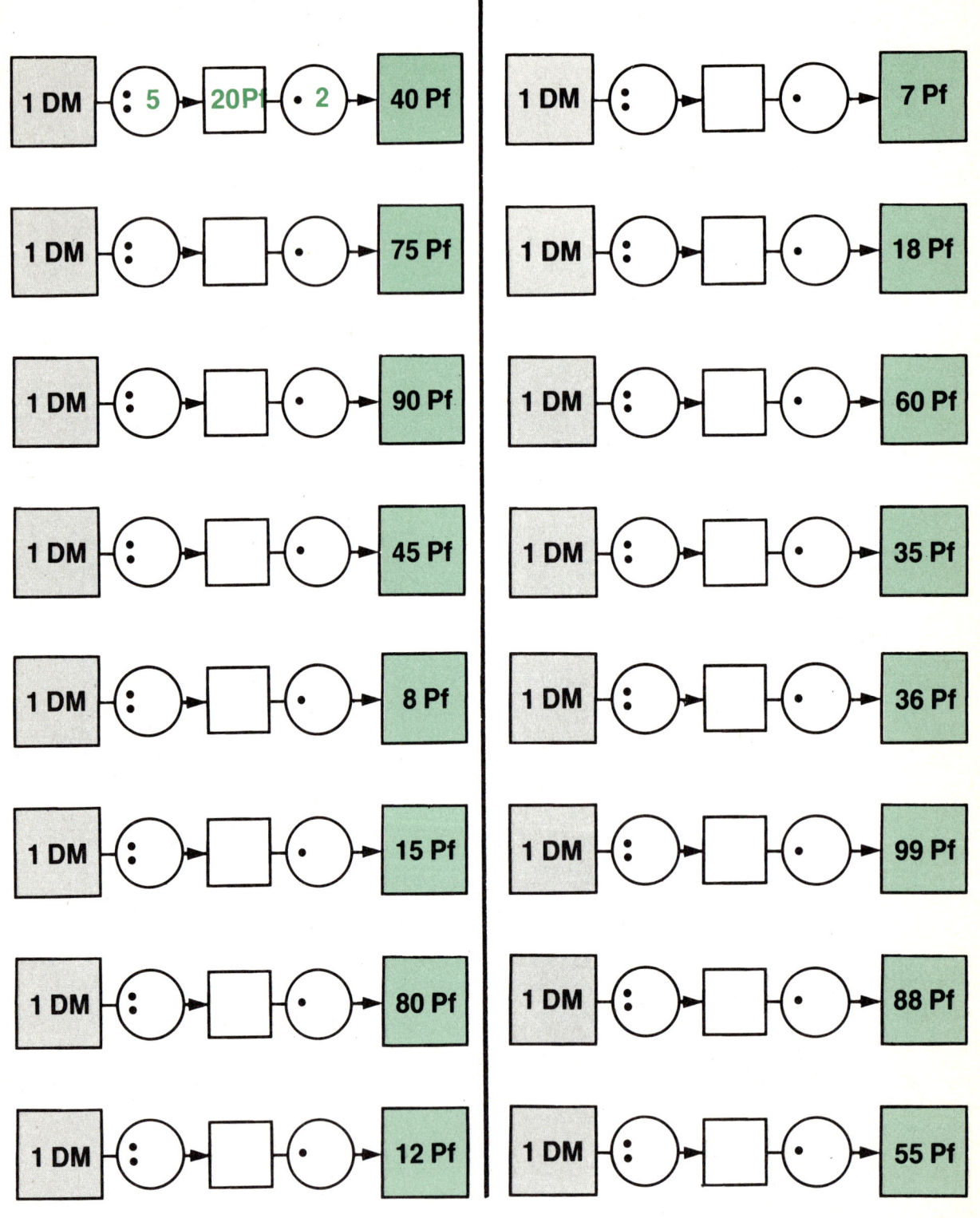

Arbeitsauftrag

Teile zuerst die Mark in gleiche Teile ein. Danach vervielfache den Bruchteil der Mark, bis du das Kleingeld zusammen hast. Suche möglichst große Zwischenbeträge.

Teile und Vielfache

E

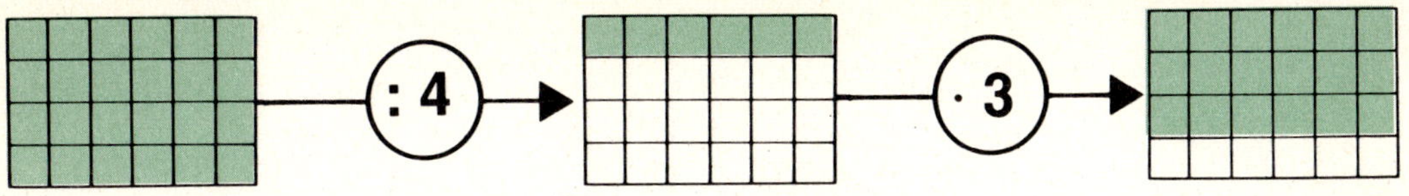

	:4		·3	
1 ganzes Rechteck		$\frac{1}{4}$ Teil des Rechtecks		$\frac{3}{4}$ Teil des Rechtecks

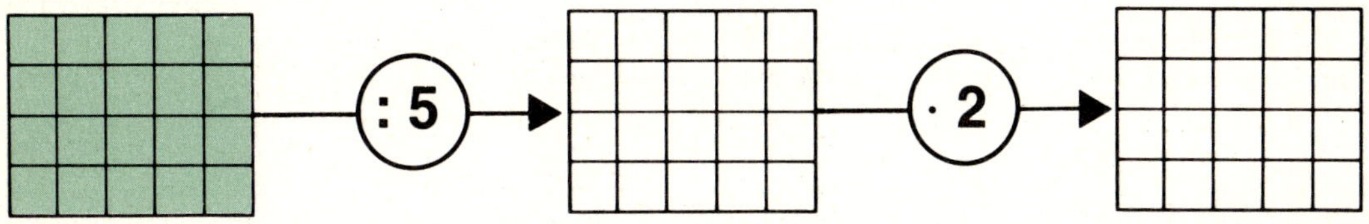

	:5		·2	
1		$\frac{}{}$		$\frac{}{}$

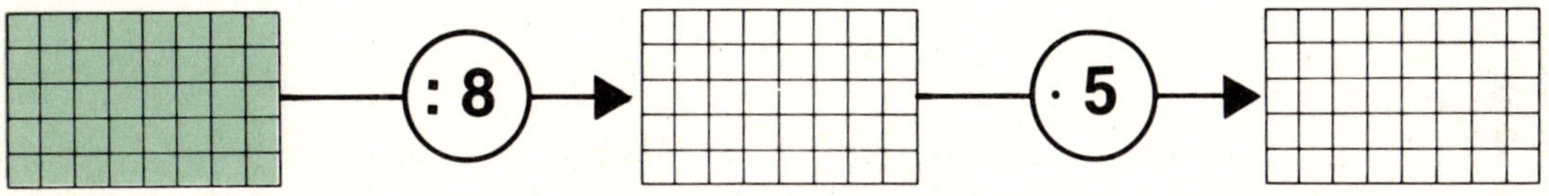

	:8		·5	
1		$\frac{}{}$		$\frac{}{}$

	:3		·	
1		$\frac{}{}$		$\frac{}{}$

	:		·	
1		$\frac{}{}$		$\frac{}{}$

Arbeitsauftrag

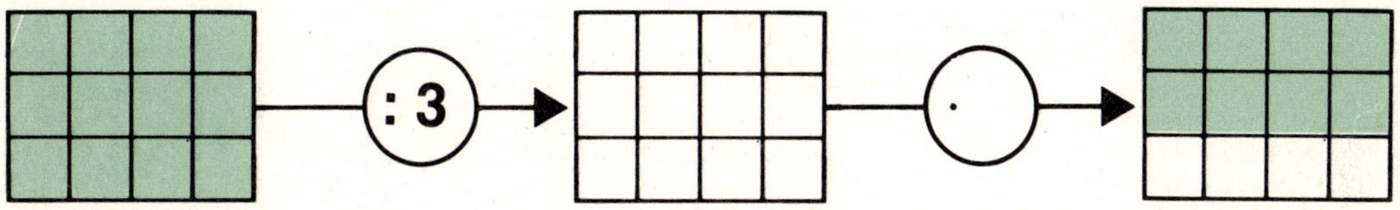

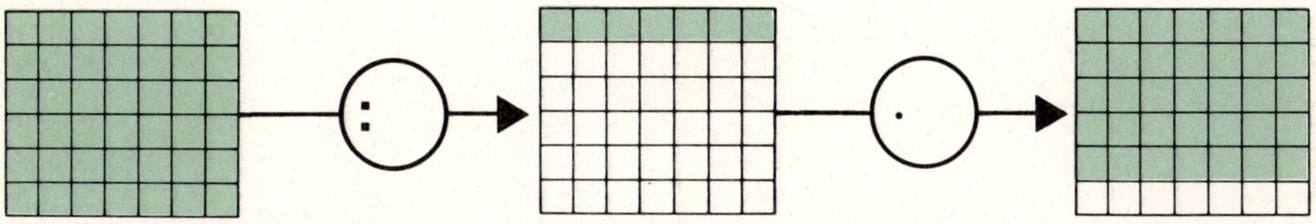

Färbe die entstehenden Bruchteile.
Schreibe die Ergebnisse auch als Bruchzahlen.

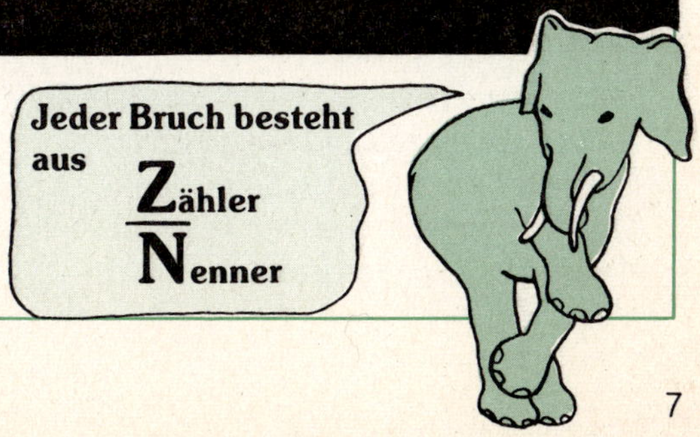

Jeder Bruch besteht aus $\frac{\textbf{Z}\text{ähler}}{\textbf{N}\text{enner}}$

Verfeinern und Vergröbern

BEISPIEL

$\frac{3}{4}$ →Verfeinerung→ $\frac{6}{8}$ →Verfeinerung→ $\frac{12}{16}$

←Vergröberung← ←Vergröberung←

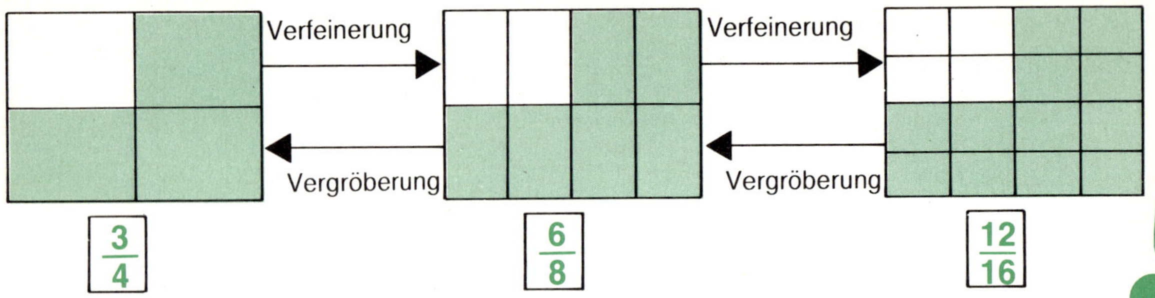

verfeinern heißt erweitern
vergröbern heißt kürzen

Arbeitsauftrag

1. In wieviel Teile sind die Flächen zerlegt?
2. Sind die einzelnen Teile gleich groß?
3. Wieviel Teile sind zusammengefaßt?

Färbe die entsprechenden Teile der Verfeinerung oder Vergröberung.
Trage die fehlenden Bruchzahlen ein.

Gleichwertige Brüche

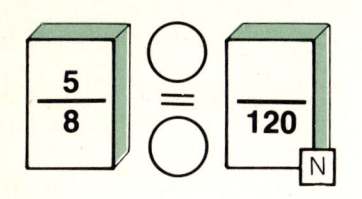

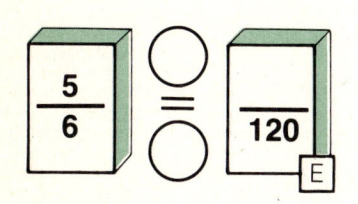

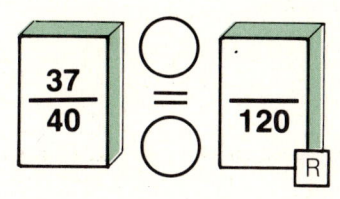

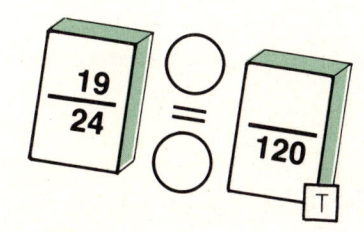

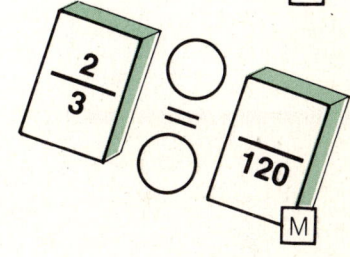

$\dfrac{5}{8} = \dfrac{}{120}$ **N**

$\dfrac{2}{15} = \dfrac{}{120}$ **R**

BEISPIEL: $\dfrac{1}{2} \;\substack{\cdot 60 \\ = \\ \cdot 60}\; \dfrac{60}{120}$ **E**

$\dfrac{23}{30} = \dfrac{}{120}$ **S**

$\dfrac{3}{5} = \dfrac{}{120}$ **E**

$\dfrac{41}{60} = \dfrac{}{120}$ **E**

$\dfrac{5}{6} = \dfrac{}{120}$ **E**

$\dfrac{37}{40} = \dfrac{}{120}$ **R**

$\dfrac{7}{12} = \dfrac{}{120}$ **H**

$\dfrac{11}{20} = \dfrac{}{120}$ **C**

$\dfrac{19}{24} = \dfrac{}{120}$ **T**

$\dfrac{2}{3} = \dfrac{}{120}$ **M**

$\dfrac{3}{4} = \dfrac{}{120}$ **I**

Wenn du die Buchstaben in der richtigen Reihenfolge in die Kästchen setzt, erhältst du das Lösungswort.

| R | E | C | H | E | N | M | E | I | S | T | E | R |

Arbeitsauftrag

Erweitere alle Brüche auf den Nenner 120 und ordne sie der Größe nach.
Der kleinste Bruch soll ganz links stehen.
Der größte Bruch soll ganz rechts stehen.

Brüche auf dem Zahlenstrahl

E

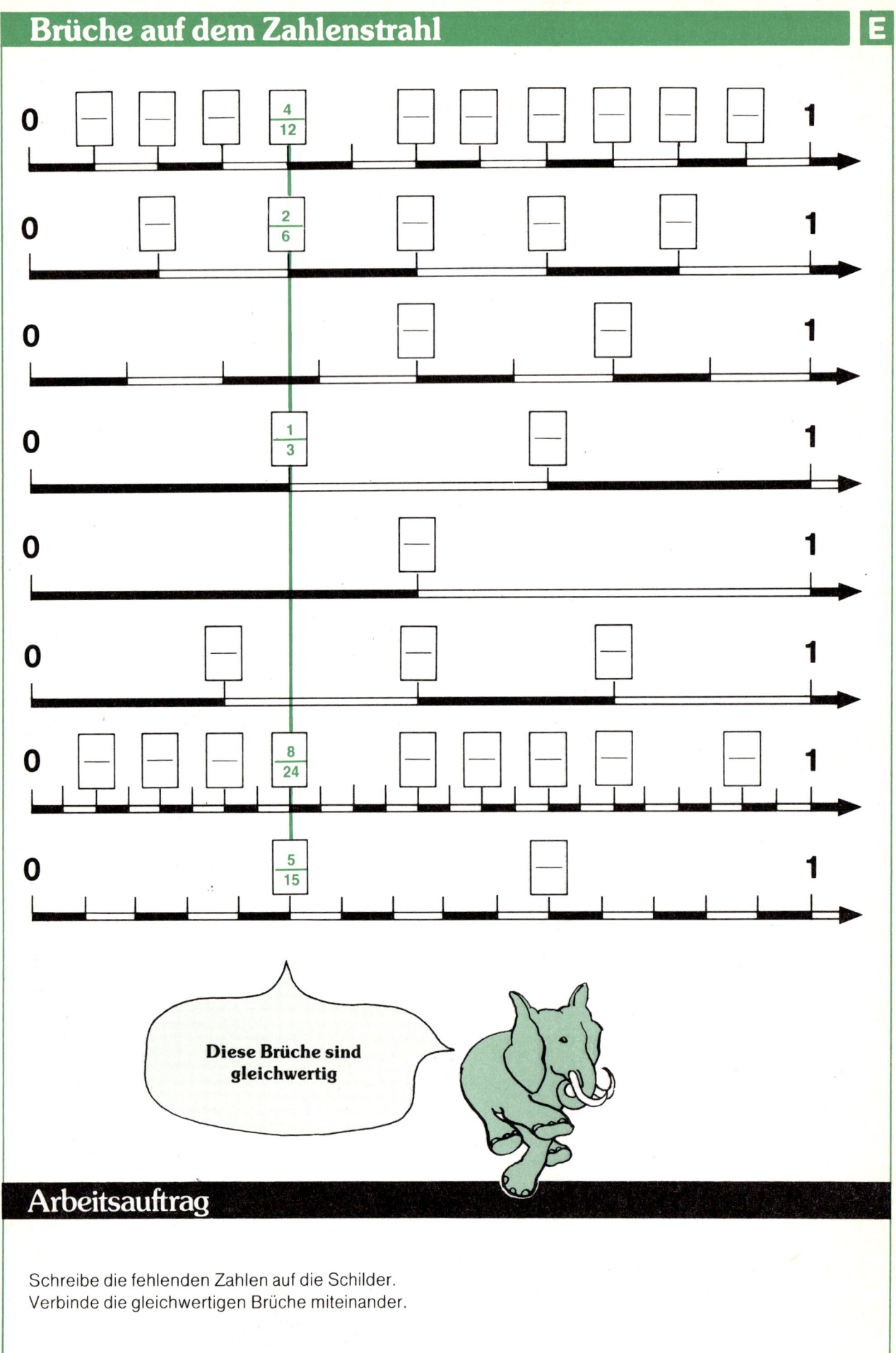

Diese Brüche sind gleichwertig

Arbeitsauftrag

Schreibe die fehlenden Zahlen auf die Schilder.
Verbinde die gleichwertigen Brüche miteinander.

Bruchvergleiche   E

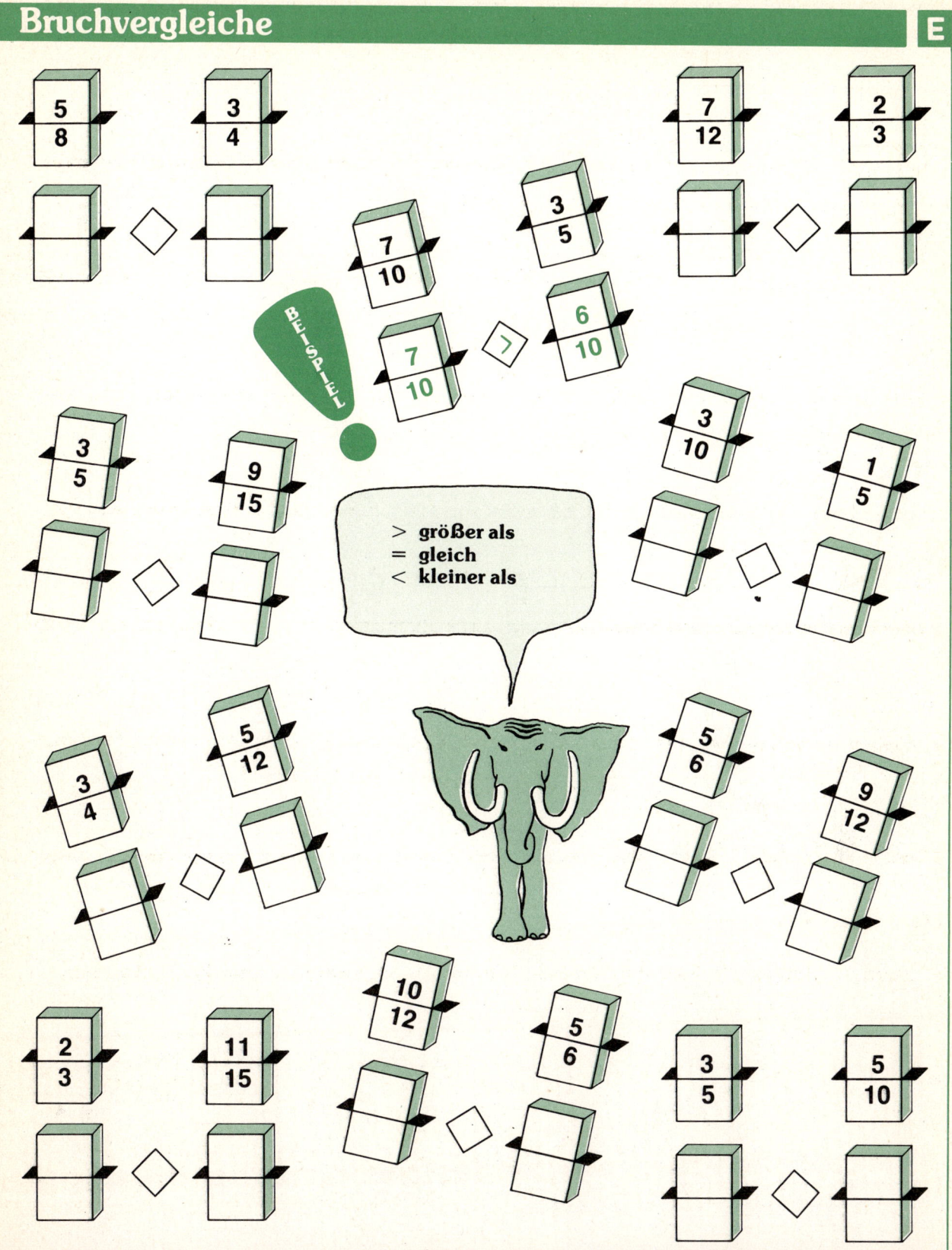

BEISPIEL: $\frac{7}{10} > \frac{6}{10}$

> größer als
= gleich
< kleiner als

Arbeitsauftrag

Erweitere oder kürze die beiden nebeneinanderstehenden Bruchzahlen, bis sie den gleichen Nenner haben. Vergleiche die Brüche miteinander und setze die richtigen Zeichen ein.

Summenbilder +

BEISPIEL

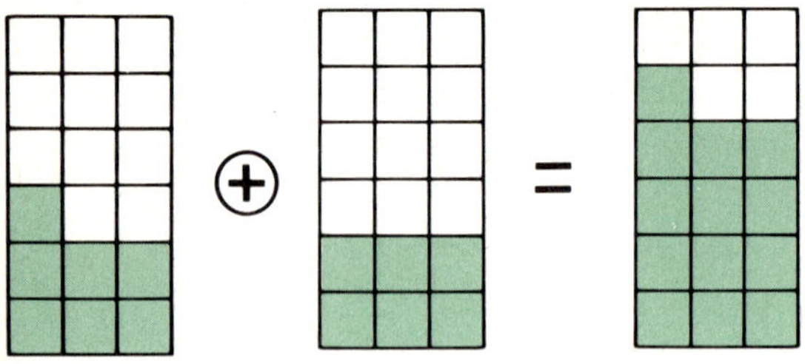

$\frac{7}{18}$ E + $\frac{6}{18}$ E = $\frac{13}{18}$ E

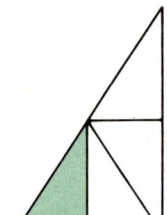 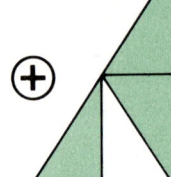

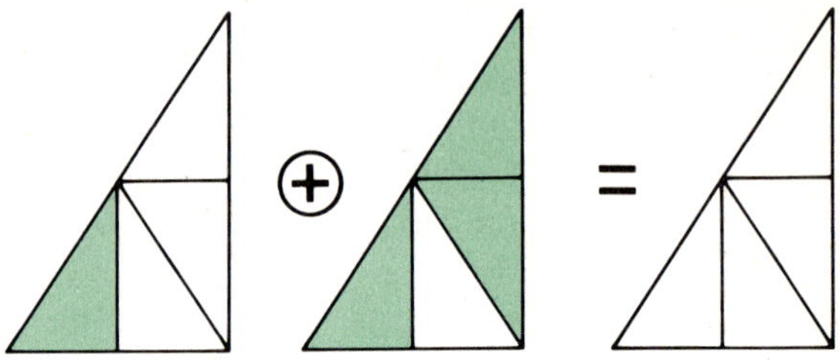

— E + — E = — E

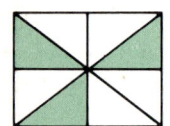  

— E + — E = — E

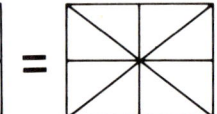 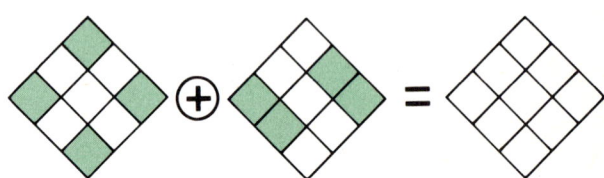

— E + — E = — E

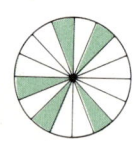 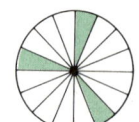

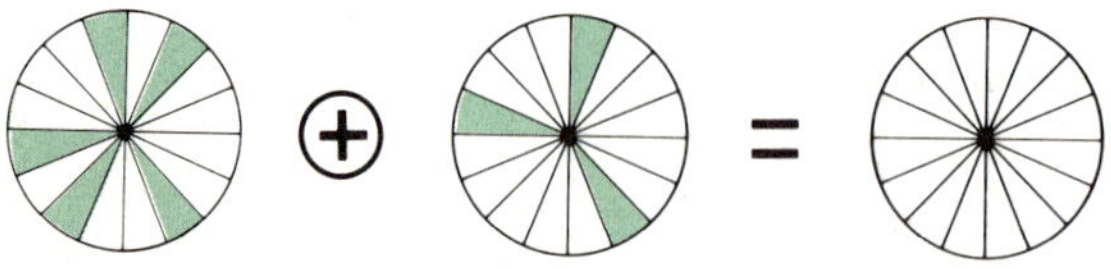

— E + — E = — E

   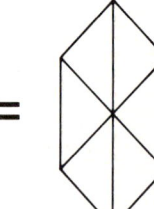

— E + — E = — E

— E + — E = — E

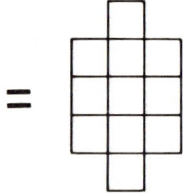  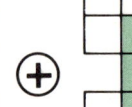 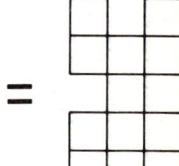

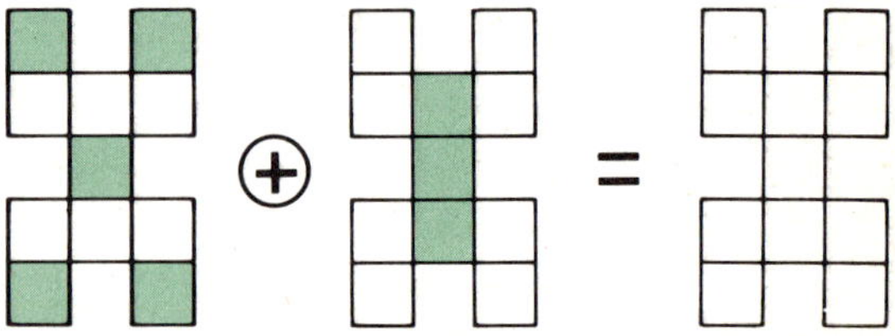

— E + — E = — E

Arbeitsauftrag

Jede Zeichnung stellt einen Bruch dar.
Addiere und zeichne das Summenbild.
Schreibe jede Aufgabe auch mit Ziffern.

Von Summen

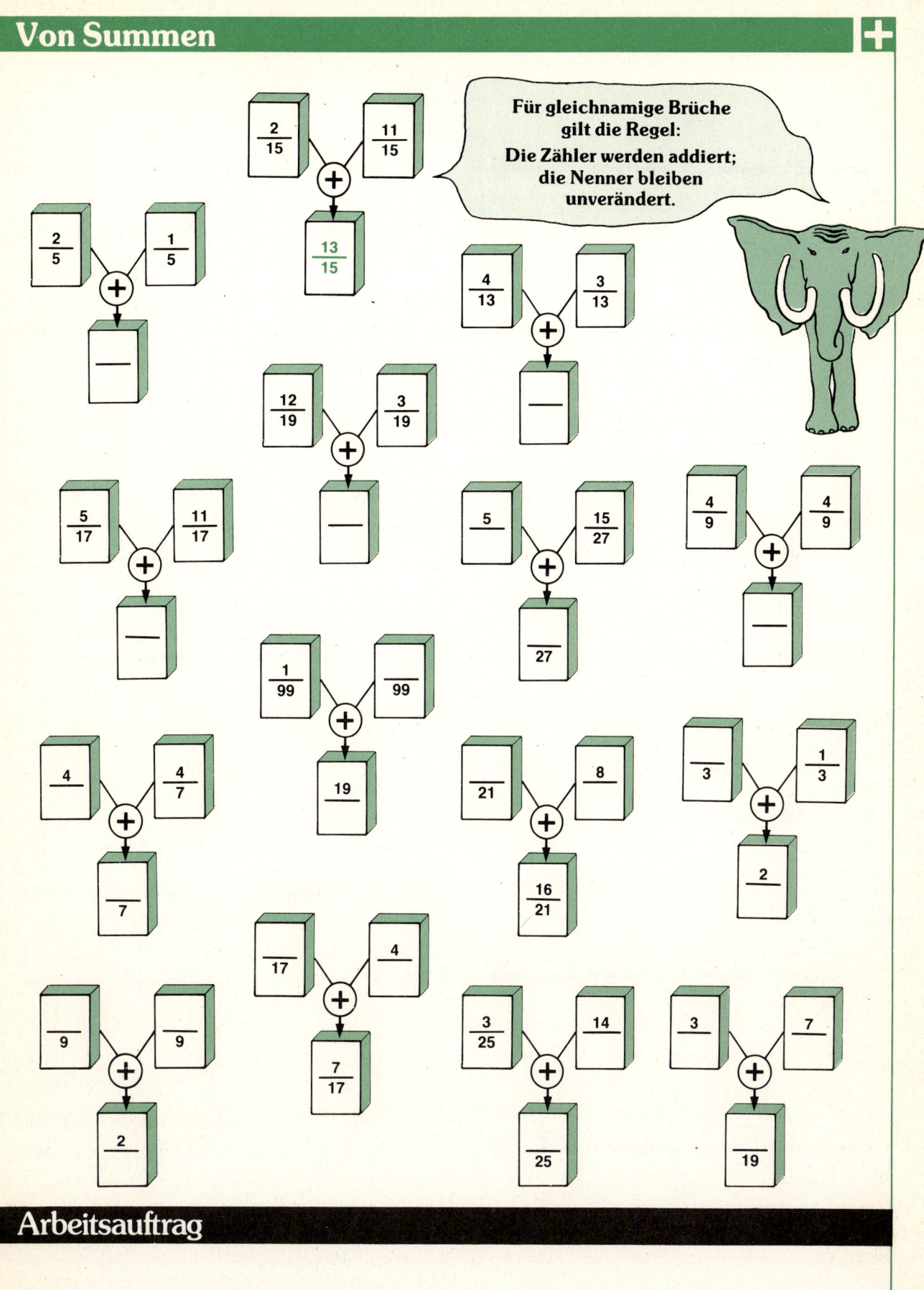

Für gleichnamige Brüche gilt die Regel:

Die Zähler werden addiert; die Nenner bleiben unverändert.

Arbeitsauftrag

Addiere jeweils die beiden Bruchzahlen.
Der Pfeil zeigt auf das Ergebnis.

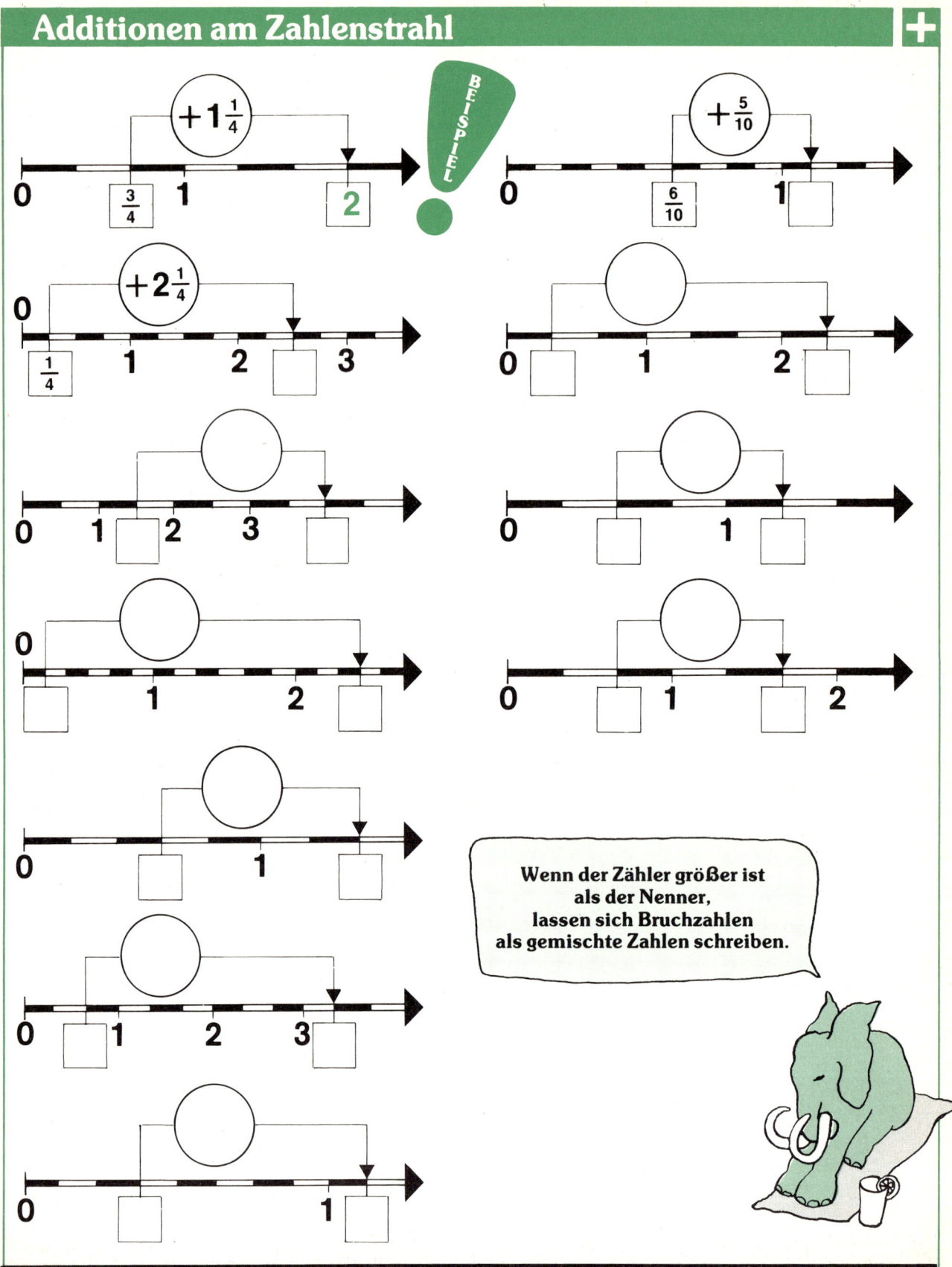

Additionstafeln

+	$2\frac{1}{3}$	$1\frac{2}{3}$
$1\frac{2}{3}$		
$2\frac{1}{3}$		

+	$\frac{8}{13}$	6
$\frac{7}{13}$		
$5\frac{12}{13}$		

+	$1\frac{5}{9}$	$\frac{2}{9}$
$2\frac{5}{9}$	$4\frac{1}{9}$	
$1\frac{2}{9}$		

BEISPIEL

+	$2\frac{4}{25}$	$\frac{24}{25}$
$2\frac{3}{25}$		
$\frac{23}{25}$		

$$2\frac{5}{9} + 1\frac{5}{9} = 2 + 1 + \frac{5}{9} + \frac{5}{9}$$
$$= 3 \quad + \quad \frac{10}{9}$$
$$= 3 \quad + \quad 1\frac{1}{9}$$
$$= 4\frac{1}{9}$$

+	$\frac{2}{11}$	$\frac{9}{11}$
$1\frac{10}{11}$		
$1\frac{3}{11}$		

+	$4\frac{2}{7}$	$\frac{5}{7}$
$3\frac{6}{7}$		
$7\frac{3}{7}$		

+	$2\frac{3}{5}$	$1\frac{3}{5}$
$1\frac{1}{5}$		
$2\frac{1}{5}$		

Zur Kontrolle: Je zwei Ergebnisse sind gleich groß

Arbeitsauftrag

Addiere die Zahlen in den senkrechten Spalten mit den Zahlen in den waagerechten Zeilen.

Ungleiche Nenner

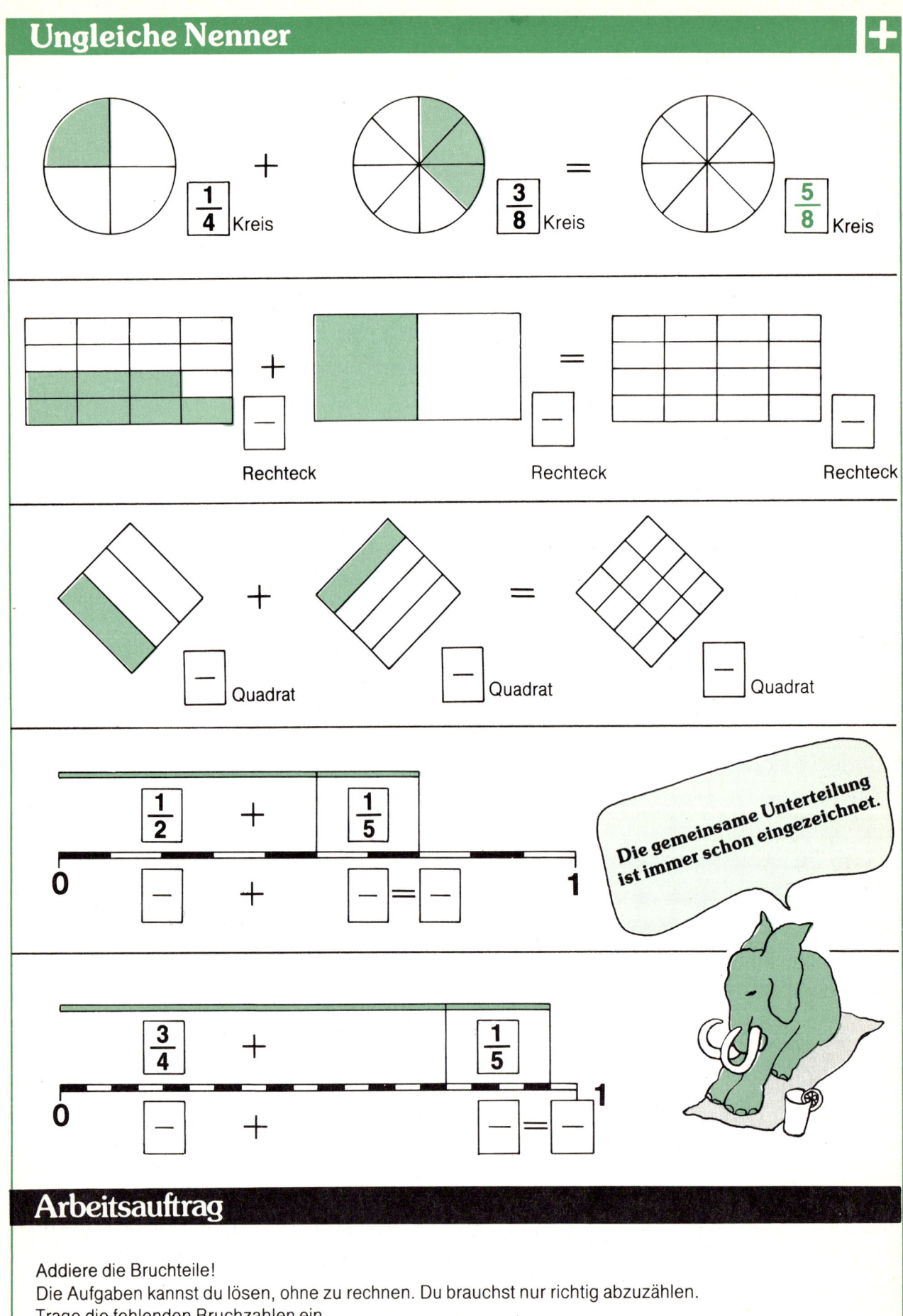

Arbeitsauftrag

Addiere die Bruchteile!
Die Aufgaben kannst du lösen, ohne zu rechnen. Du brauchst nur richtig abzuzählen.
Trage die fehlenden Bruchzahlen ein.

Kleinste gemeinsame Vielfache (kgV)

kgV	9	10
2		
3		

Summe 67

kgV	10	15
5		
4		

Summe 105

kgV	15	20
3		
2		

Summe 125

kgV	6	12
3		
5		

Summe 108

kgV	12	8
4		
6		

Summe 56

kgV	6	5
2		
4		20

Summe 48

kgV	4	5
3		
8		

Summe 75

kgV	9	18
6		
4		

Summe 108

So kannst du die Lösungen finden.

4	5
8	10
12	15
16	ⓐ20
ⓐ20	

BEISPIEL

> 20 ist das kleinste gemeinsame Vielfache der Zahlen 4 und 5

kgV	18	4
2		
5		

Summe 132

kgV	8	21
2		
3		

Summe 95

Arbeitsauftrag

Die gröbste gemeinsame Verfeinerung von zwei Brüchen ist das ‚Kleinste gemeinsame Vielfache'.
Jede Zahl der senkrechten Spalte bildet mit der Zahl der waagerechten Zeile ein Paar.
Trage für jedes Paar das kgV ein.
Die Addition der vier kgV ergibt die angegebene Summe.

Zahlenbild

a $\frac{1}{9} + \frac{1}{2} = \boxed{\frac{11}{18}}$ BEISPIEL

b $\frac{2}{5} + \frac{1}{4} = \boxed{}$

c $\frac{2}{3} + \frac{1}{4} = \boxed{}$

d $\frac{2}{3} + \frac{1}{7} = \boxed{}$

h $\frac{2}{3} + \frac{1}{5} = \boxed{}$

i $\frac{3}{5} + \frac{1}{6} = \boxed{}$

j $\frac{7}{15} + \frac{4}{9} = \boxed{}$

• $\frac{17}{21}$

• $\frac{11}{12}$

• $\frac{19}{22}$

• $\frac{13}{15}$

• $\frac{23}{36}$

• $\frac{13}{30}$

• $\frac{11}{24}$

• $\frac{13}{20}$

• $\frac{23}{30}$

• $\frac{25}{28}$

• $\frac{11}{18}$

e $\frac{4}{11} + \frac{1}{2} = \boxed{}$

f $\frac{3}{8} + \frac{1}{12} = \boxed{}$

g $\frac{1}{7} + \frac{3}{4} = \boxed{}$

k $\frac{2}{15} + \frac{3}{10} = \boxed{}$

l $\frac{5}{12} + \frac{2}{9} = \boxed{}$

m $\frac{4}{9} + \frac{1}{6} = \boxed{}$

• $\frac{41}{45}$

Arbeitsauftrag

Löse die Aufgaben in der Reihenfolge des Alphabets.
Verbinde jetzt die Ergebnisse der Reihe nach.

Waagen im Gleichgewicht

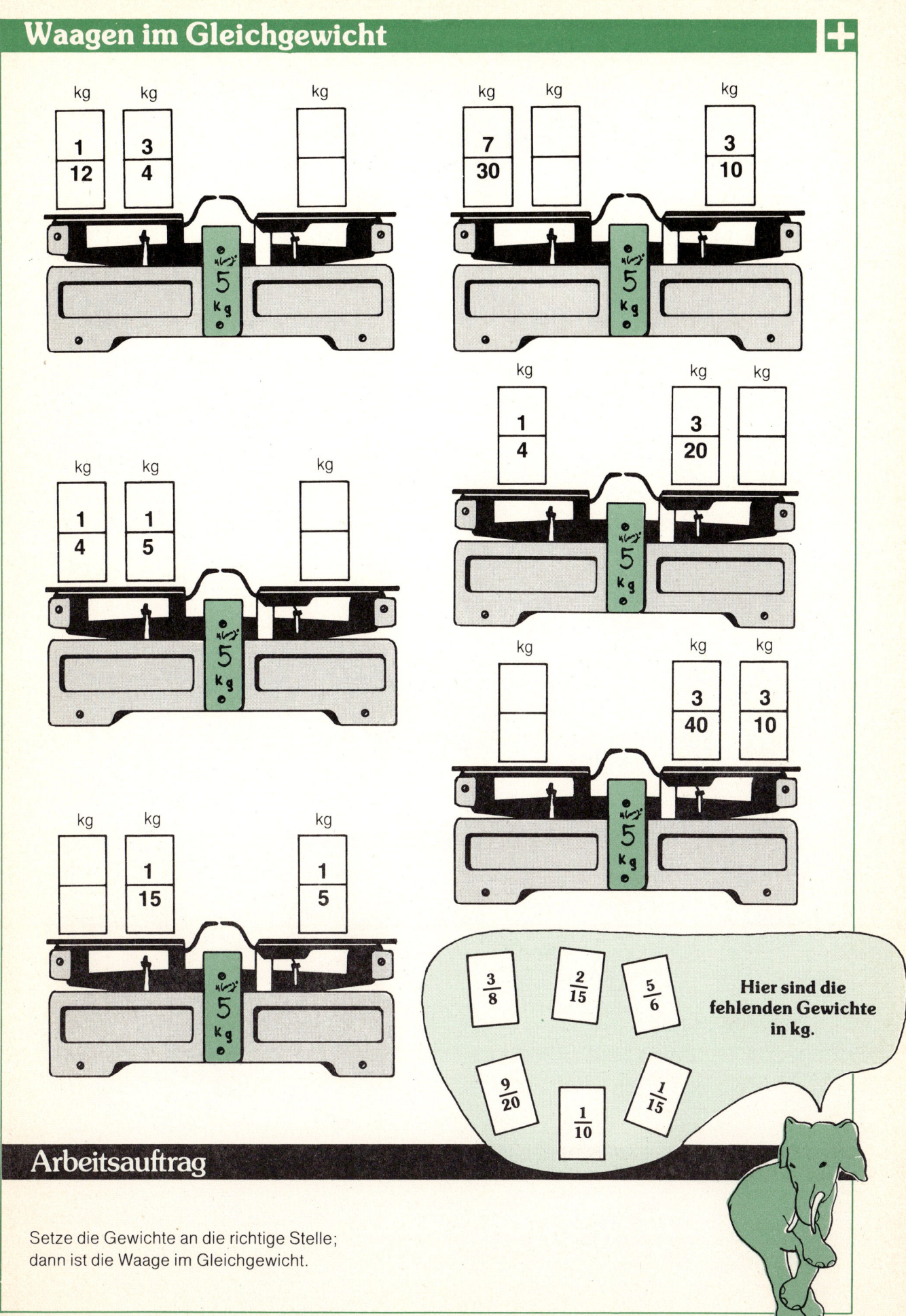

Hier sind die fehlenden Gewichte in kg.

Arbeitsauftrag

Setze die Gewichte an die richtige Stelle; dann ist die Waage im Gleichgewicht.

Rechentürme

BEISPIEL

$1\frac{1}{2}$	$1\frac{1}{5}$		
$1\frac{1}{2}$	$2\frac{7}{10}$	$1\frac{1}{5}$	
$1\frac{1}{2}$			$1\frac{1}{5}$
27			

$2\frac{1}{3}$	$2\frac{1}{5}$		
$2\frac{1}{3}$		$2\frac{1}{5}$	
$2\frac{1}{3}$			$2\frac{1}{5}$
$45\frac{1}{3}$			

Du hast richtig gerechnet, wenn du die Zielzahl erreichst.

$1\frac{1}{4}$	$2\frac{1}{3}$		
$1\frac{1}{4}$		$2\frac{1}{3}$	
$1\frac{1}{4}$			$2\frac{1}{3}$
$35\frac{5}{6}$			

$1\frac{1}{4}$	$2\frac{1}{5}$		
$1\frac{1}{4}$		$2\frac{1}{5}$	
$1\frac{1}{4}$			$2\frac{1}{5}$
$34\frac{1}{2}$			

Arbeitsauftrag

Addiere die Bruchzahlen aus zwei nebeneinanderstehenden Kästchen und schreibe das Ergebnis in das darunterstehende Kästchen.

Subtraktionen am Zahlenstrahl

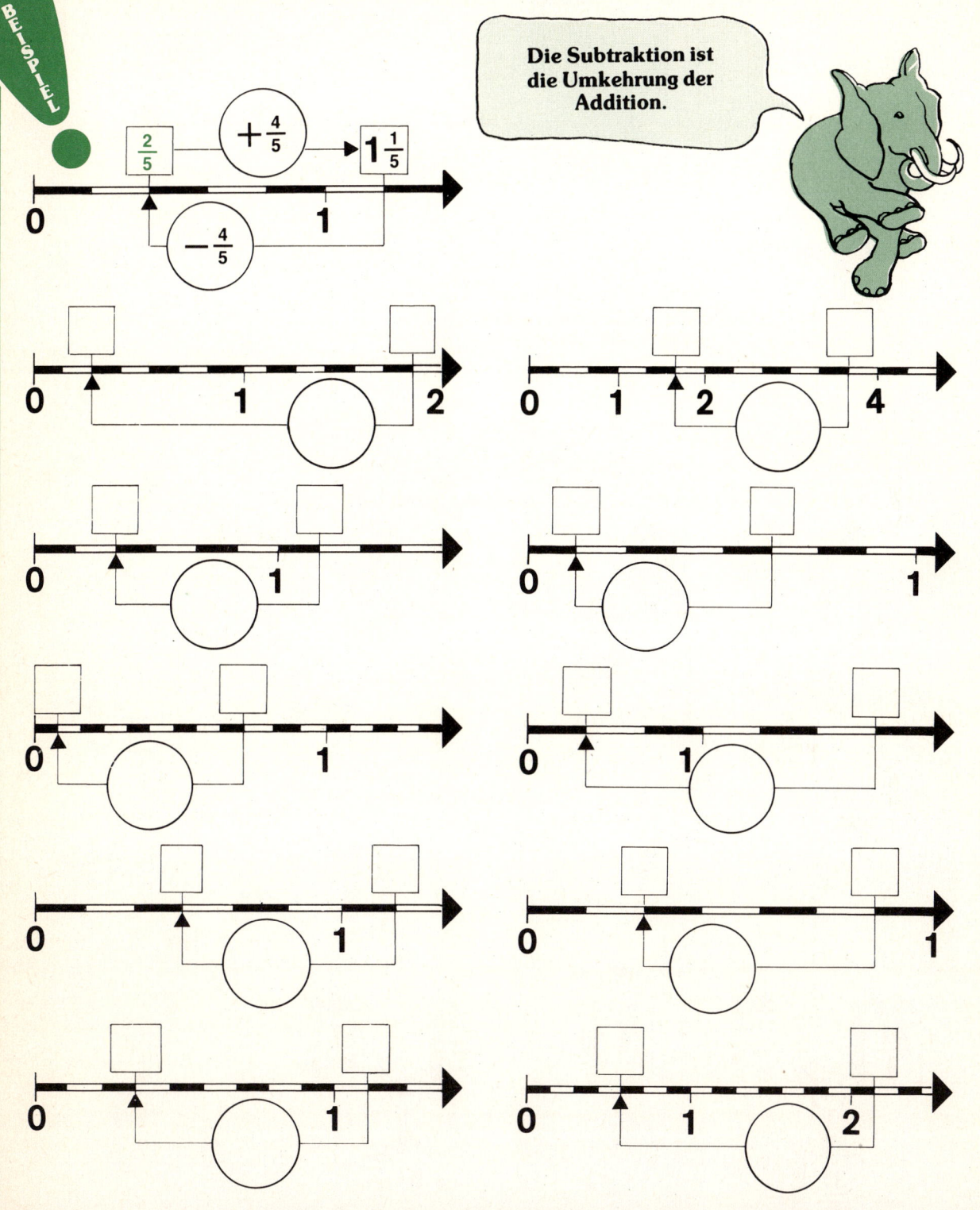

Arbeitsauftrag

Welche Subtraktionsaufgaben sind an den Zahlenstrahlen dargestellt?
Trage die fehlenden Zahlen ein.

Von Differenzen

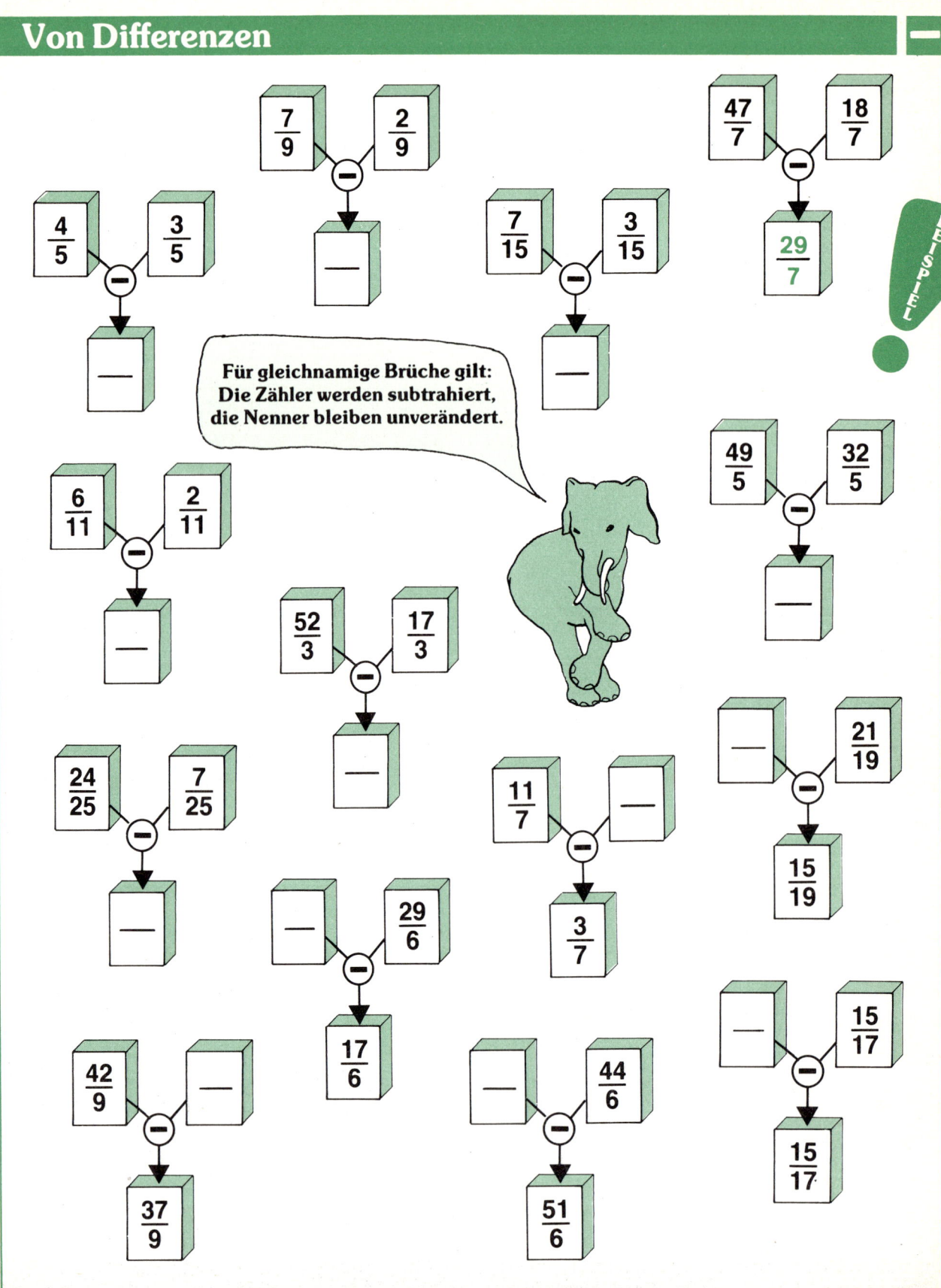

Arbeitsauftrag

Subtrahiere und trage die fehlenden Zahlen ein.

Versteckte Zahlen

BEISPIEL

$5\frac{2}{3} - 3\frac{1}{3} =$ $\boxed{2\frac{1}{3}}$

$3\frac{1}{5} - 2 =$ ☐

$5\frac{5}{6} - 1\frac{5}{6} =$ ☐

$2\frac{5}{7} - 2\frac{3}{7} =$ ☐

$6\frac{5}{6} - 2\frac{4}{6} =$ ☐

$2\frac{3}{5} - \frac{2}{5} =$ ☐

$4\frac{2}{3} - 4 =$ ☐

$6\frac{6}{7} - 4\frac{2}{7} =$ ☐

$4\frac{4}{5} - 3\frac{1}{5} =$ ☐

$2\frac{2}{3} - 2\frac{1}{3} =$ ☐

$9\frac{6}{7} - 7\frac{2}{7} =$ ☐

$3\frac{7}{8} - 2 =$ ☐

$5\frac{9}{10} - 4 =$ ☐

$3\frac{3}{4} - 2\frac{3}{4} =$ ☐

$1\frac{2}{9} - \frac{1}{9} =$ ☐

$7\frac{3}{7} - 6\frac{2}{7} =$ ☐

Diamantenraster enthält: $2\frac{4}{7}$, $1\frac{2}{9}$, $1\frac{2}{5}$, $4\frac{1}{6}$, $2\frac{3}{7}$, $4\frac{3}{5}$, $1\frac{1}{5}$, $3\frac{1}{2}$, $1\frac{1}{7}$, $2\frac{2}{3}$, $2\frac{1}{5}$, $1\frac{1}{9}$, $1\frac{9}{10}$, 1, $\frac{1}{3}$, $2\frac{5}{7}$, $1\frac{7}{8}$, $1\frac{3}{5}$, $\frac{3}{7}$, $2\frac{1}{3}$, $2\frac{3}{5}$, $\frac{2}{3}$, $1\frac{5}{8}$, $3\frac{3}{8}$, 4, $4\frac{5}{6}$, $4\frac{7}{8}$, $\frac{2}{7}$

Arbeitsauftrag

Male die Kästchen mit den Lösungen bunt aus.

Subtrahiere zuerst die ganzen Zahlen und dann die Bruchzahlen.

Zahlenbild

a 1 − 1/3 = [2/3]   **BEISPIEL**

b 2 − 2/5 = ☐

c 3 − 2 2/3 = ☐   • 2/3

d 4 − 4/5 = ☐

e 5 − 1 1/2 = ☐

k 11 − 9 5/6 = ☐

l 12 − 7 3/4 = ☐

m 13 − 10 5/9 = ☐

n 14 − 4 4/9 = ☐

o 15 − 14 1/3 = ☐

• 3 1/2   • 1 1/6

• 1 3/5   • 2/5   • 4 1/4   • 3 1/5   • 5/8   • 9 5/9

• 1/3   • 2 4/9

f 6 − 5 3/5 = ☐   • 3 7/9   • 2 5/6

g 7 − 4 1/6 = ☐   • 1 3/8

h 8 − 6 5/8 = ☐

i 9 − 5 2/9 = ☐

j 10 − 9 3/8 = ☐

$1 - \frac{1}{3} = \Box$
$\frac{3}{3} - \frac{1}{3} = \frac{2}{3}$

Arbeitsauftrag

Löse die Aufgaben in der Reihenfolge des Alphabets.
Verbinde die Ergebnisse der Reihe nach.

3 Aufgaben, 1 Ergebnis

$$4\frac{2}{3} - 2\frac{7}{18} =$$

$$6\frac{4}{9} - 4\frac{1}{6} =$$ $$4\frac{11}{18} - 2\frac{1}{3} =$$

$$5\frac{1}{3} - 2\frac{1}{4} =$$

$$5\frac{5}{12} - 4\frac{3}{8} =$$ $$7\frac{1}{8} - 6\frac{1}{12} =$$

$$7\frac{3}{4} - 4\frac{2}{3} =$$ $$4\frac{1}{4} - 1\frac{1}{6} =$$

$$5\frac{7}{8} - 4\frac{5}{6} =$$

$$4\frac{7}{15} - 2\frac{1}{5} =$$ $$5\frac{3}{5} - 3\frac{1}{3} =$$

$$6\frac{2}{3} - 4\frac{2}{5} =$$

> Wie bei der Addition von Bruchzahlen.
> Die Brüche müssen erst gleichnamig gemacht werden.

Arbeitsauftrag

Immer drei Aufgaben haben das gleiche Ergebnis. Verbinde diese Aufgaben miteinander.
Ein Lineal ist dabei ganz hilfreich.

Differenzengleiche Paare

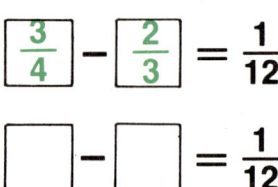

$\frac{3}{4} - \frac{2}{3} = \frac{1}{12}$

$\square - \square = \frac{1}{12}$

$\square - \square = \frac{1}{12}$

$\square - \square = \frac{1}{12}$

$\square - \square = \frac{1}{12}$

$\square - \square = \frac{1}{12}$

$\square - \square = \frac{1}{12}$

$\square - \square = \frac{1}{12}$

2/3
5/12
3/4
1/6
2/3
7/12
1/4
1/3
11/12
1/4
1/2
7/12
1/3
3/4
5/6
5/6

1/12
0
1

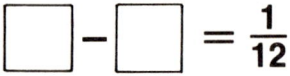

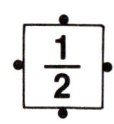

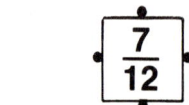

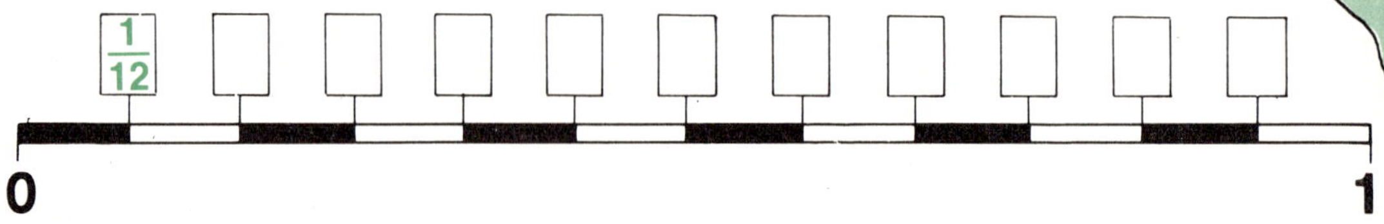

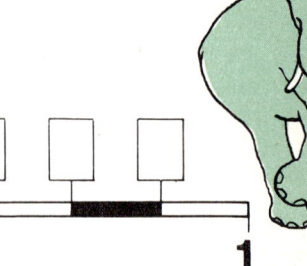

Zu deiner Erleichterung: Trage die Bruchzahlen auf dem Zahlenstrahl ein.

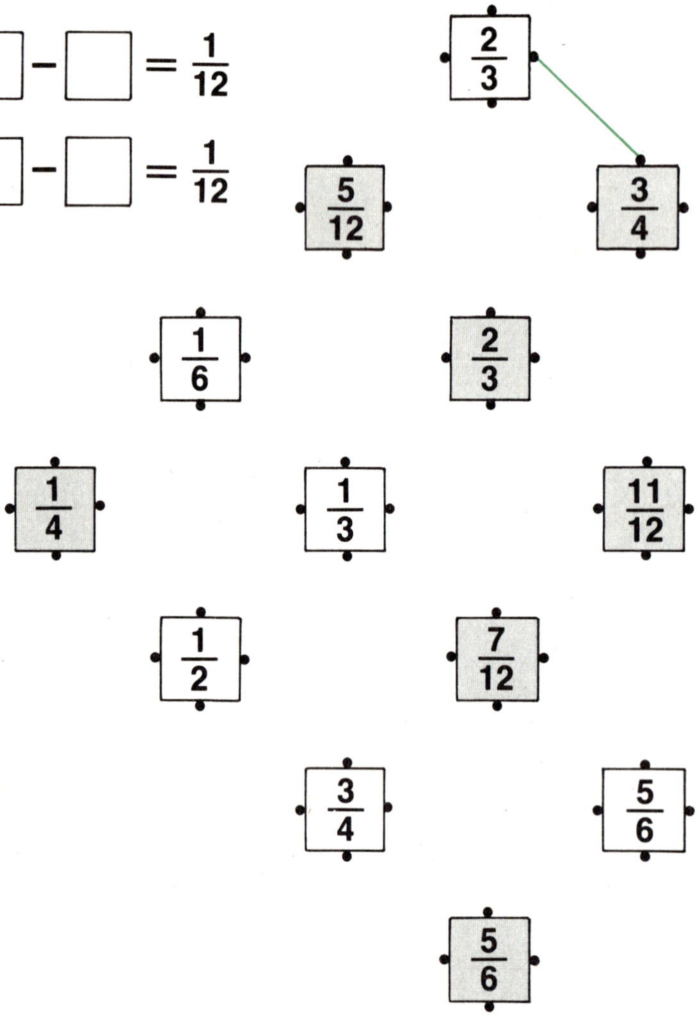

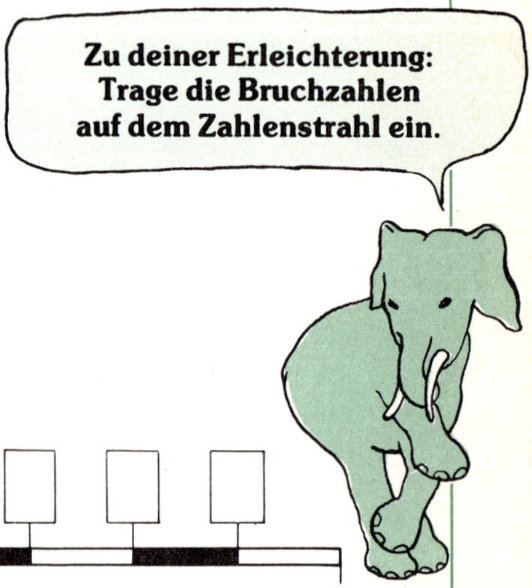

Arbeitsauftrag

Subtrahiere von jeder Bruchzahl in einem grauen Kästchen eine Bruchzahl aus einem weißen Kästchen. Verbinde die beiden Zahlen miteinander, deren Differenz $\frac{1}{12}$ ergibt.

Zum Abschneiden

$2\frac{2}{5} - 1 = \square$

$2\frac{2}{5} - 1\frac{3}{10} = \square$

$2\frac{2}{5} - 1\frac{2}{5} = \square$

 BEISPIEL

$$2\frac{2}{5} - 1\frac{1}{2} =$$
$$\frac{12}{5} - \frac{3}{2} = \quad \text{umwandeln}$$
$$\frac{24}{10} - \frac{15}{10} = \frac{9}{10} \quad \text{Hauptnenner}$$

$2\frac{2}{5} - 1\frac{1}{2} = \boxed{\frac{9}{10}}$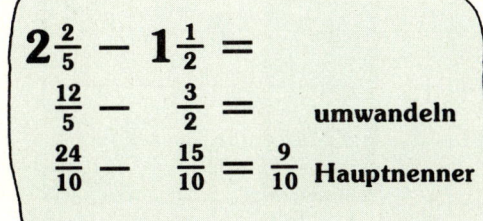

$2\frac{2}{5} - 1\frac{3}{5} = \square$

$2\frac{2}{5} - 1\frac{7}{10} = \square$

Arbeitsauftrag

Subtrahiere von dem $2\frac{2}{5}$ m langen Stab die kürzeren Stäbe.
Alle Längen sind in Meter angegeben.

Subtraktionstafeln −

−	1/4	1 1/2
2 1/2		
3 3/4		

−	1 1/4	1/2
5 1/4		
6		

−	1/3	1 1/2
2 5/6		
4		

−	4 2/3	2 1/3
5 1/6		
7 1/2		

−	1 1/4	1/10
3 2/5	2 3/20	
2 1/4		

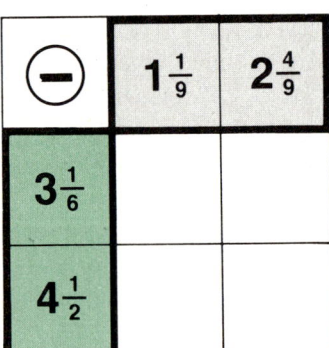

In jeder Subtraktionstafel ergeben sich 2 gleiche Ergebnisse.

−	1 1/9	2 4/9
3 1/6		
4 1/2		

−	2 1/4	2 1/20
5 3/10		
5 1/2		

−	2 9/10	7/20
6 3/4		
4 1/5		

Arbeitsauftrag

Subtrahiere von den Zahlen in den senkrechten Spalten die Zahlen aus den waagerechten Zeilen.

Differenzenbaum

Arbeitsauftrag

Subtrahiere bis in die Spitzen des Rechenbaums und vergleiche die Endergebnisse.

Rechenring

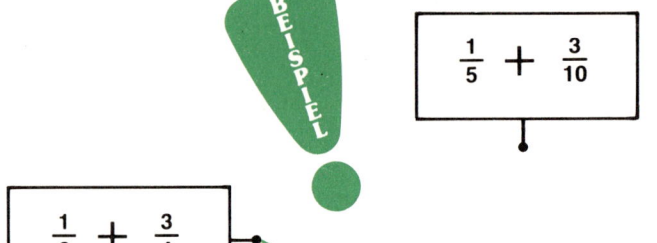

$\frac{1}{6} + \frac{3}{4}$

$\frac{1}{2} - \frac{1}{3}$

$\frac{1}{4} + \frac{2}{5}$

$\frac{11}{12} - \frac{2}{3}$

$\frac{13}{20} - \frac{9}{20}$

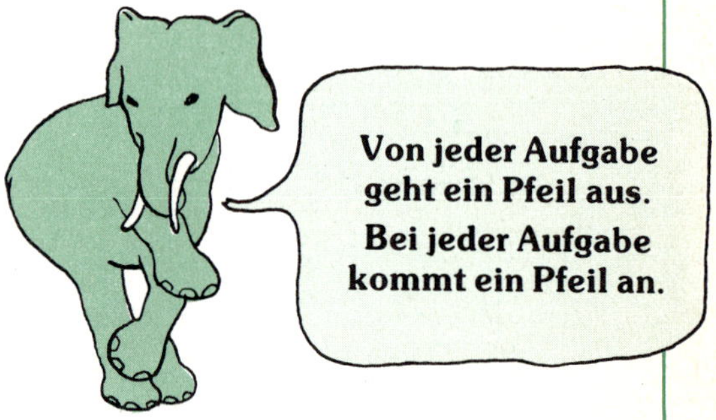

$2\frac{3}{4} - 2\frac{1}{5}$

**Von jeder Aufgabe geht ein Pfeil aus.
Bei jeder Aufgabe kommt ein Pfeil an.**

$1\frac{1}{10} + 5\frac{2}{5}$

$\frac{11}{20} + 3\frac{3}{10}$

$6\frac{1}{2} - 4\frac{2}{5}$

$3\frac{17}{20} - 2\frac{3}{4}$

$2\frac{1}{10} + \frac{13}{20}$

Arbeitsauftrag

Das Ergebnis jeder Aufgabe ist die erste Zahl einer anderen Aufgabe.
Verbinde die Aufgaben mit Pfeilen.
Denke daran, die Ergebnisse zu kürzen.

Von der 1 zur 2

$+\frac{1}{2}$	$2\frac{1}{2}$	$-\frac{1}{10}$	$2\frac{1}{20}$	$-\frac{1}{4}$	$2\frac{1}{16}$	$-\frac{3}{4}$
$1\frac{1}{4}$	$+\frac{3}{4}$	$2\frac{1}{4}$	$-\frac{1}{5}$	$1\frac{4}{5}$	$+\frac{1}{10}$	$1\frac{1}{2}$
$-\frac{1}{2}$	$1\frac{1}{2}$	$-\frac{3}{4}$	$2\frac{1}{5}$	$-1\frac{1}{2}$	$1\frac{9}{10}$	$+\frac{8}{10}$
1 (Start)	$+\frac{1}{2}$	$\frac{1}{2}$	$+2\frac{3}{25}$	$3\frac{2}{5}$	$+1\frac{1}{2}$	$2\frac{3}{5}$
$+2\frac{1}{2}$	$4\frac{1}{2}$	$+\frac{21}{50}$	$3\frac{19}{50}$	$-\frac{1}{50}$	$3\frac{19}{25}$	$+\frac{2}{25}$
$2\frac{1}{3}$	$-1\frac{9}{10}$	$3\frac{4}{5}$	$+\frac{3}{5}$	$4\frac{7}{10}$	$-3\frac{1}{3}$	**2** (Ziel)
$-\frac{5}{10}$	$1\frac{9}{10}$	$+4\frac{1}{2}$	$5\frac{5}{6}$	$-\frac{1}{6}$	$5\frac{1}{3}$	$+\frac{1}{3}$
$1\frac{1}{5}$	$+5\frac{1}{2}$	$6\frac{2}{5}$	$-1\frac{3}{5}$	$5\frac{2}{15}$	$+\frac{1}{5}$	$2\frac{3}{20}$
$-\frac{2}{3}$	$\frac{7}{15}$	$+4\frac{1}{3}$	$4\frac{4}{5}$	$+\frac{1}{3}$	$5\frac{3}{15}$	$-3\frac{1}{20}$

Arbeitsauftrag

Das richtige Ergebnis weist dir den Weg von der 1 zur 2. Wenn du die Bruchzahlen in den Kreisen zu den Bruchzahlen in den Kästchen addierst oder davon subtrahierst, findest du in einem der benachbarten Kästchen das richtige Ergebnis. Male dieses Kästchen bunt aus und rechne von hier aus weiter.

Verlorene Bruchzahlen

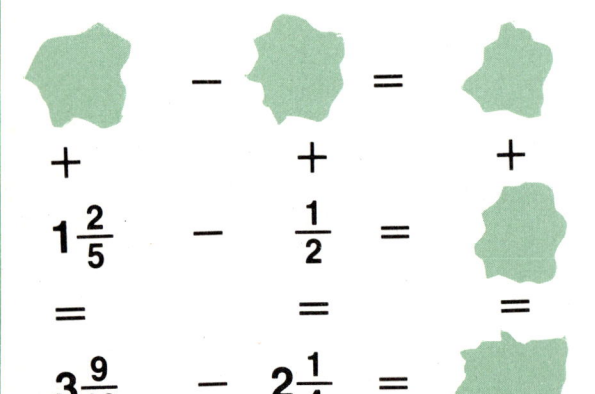

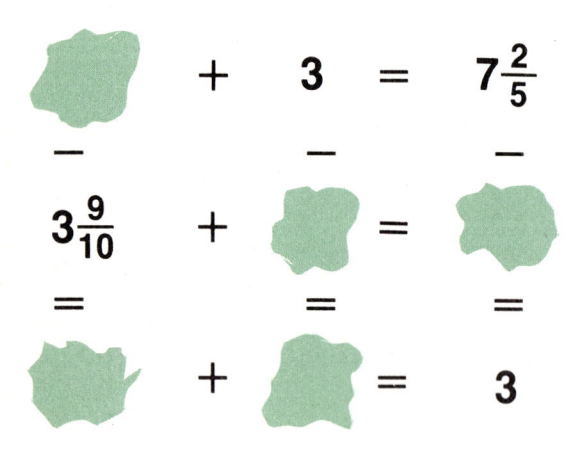

$\frac{1}{4}$	+	$\frac{1}{5}$	=	▢	▢	− $\frac{3}{4}$ = ▢
−		+		−		+	−
$\frac{1}{5}$	−	$\frac{1}{10}$	=	▢	$2\frac{3}{8}$	+ $\frac{5}{8}$ = ▢
=		=		=	=	=	=
▢	+	▢	=	▢	$7\frac{5}{8}$	− ▢ = ▢

▢	−	▢	=	▢		$3\frac{1}{4}$	+	$4\frac{3}{5}$	=	▢
+		+		+		−		−		−
$1\frac{2}{5}$	−	$\frac{1}{2}$	=	▢		$2\frac{1}{10}$	+	▢	=	▢
=		=		=		=		=		=
$3\frac{9}{10}$	−	$2\frac{1}{4}$	=	▢		▢	+	▢	=	$5\frac{1}{4}$

▢	+	3	=	$7\frac{2}{5}$
−		−		−
$3\frac{9}{10}$	+	▢	=	▢
=		=		=
▢	+	▢	=	3

> Wenn du einmal nicht weiterrechnen kannst, denke an die Umkehraufgabe.

Arbeitsauftrag

Leider sind einige Bruchzahlen durch Kleckse verdeckt.
Addiere und subtrahiere, und du findest die fehlenden Zahlen.

Verschlüsselte Ziffern

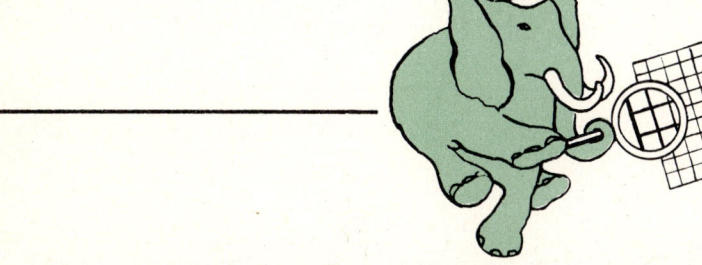

Du kommst mit den Ziffern von 1 bis 4 aus.

Arbeitsauftrag

Jedes Symbol bedeutet eine Ziffer. Durch Probieren, Nachdenken und Nachrechnen findest du die richtigen Ziffern. Bei jeder Aufgabe mußt du neu entschlüsseln.
Warum kann in der ersten Aufgabe in dem Quadrat nur die 1 stehen?

Bruch mal Bruchzahl

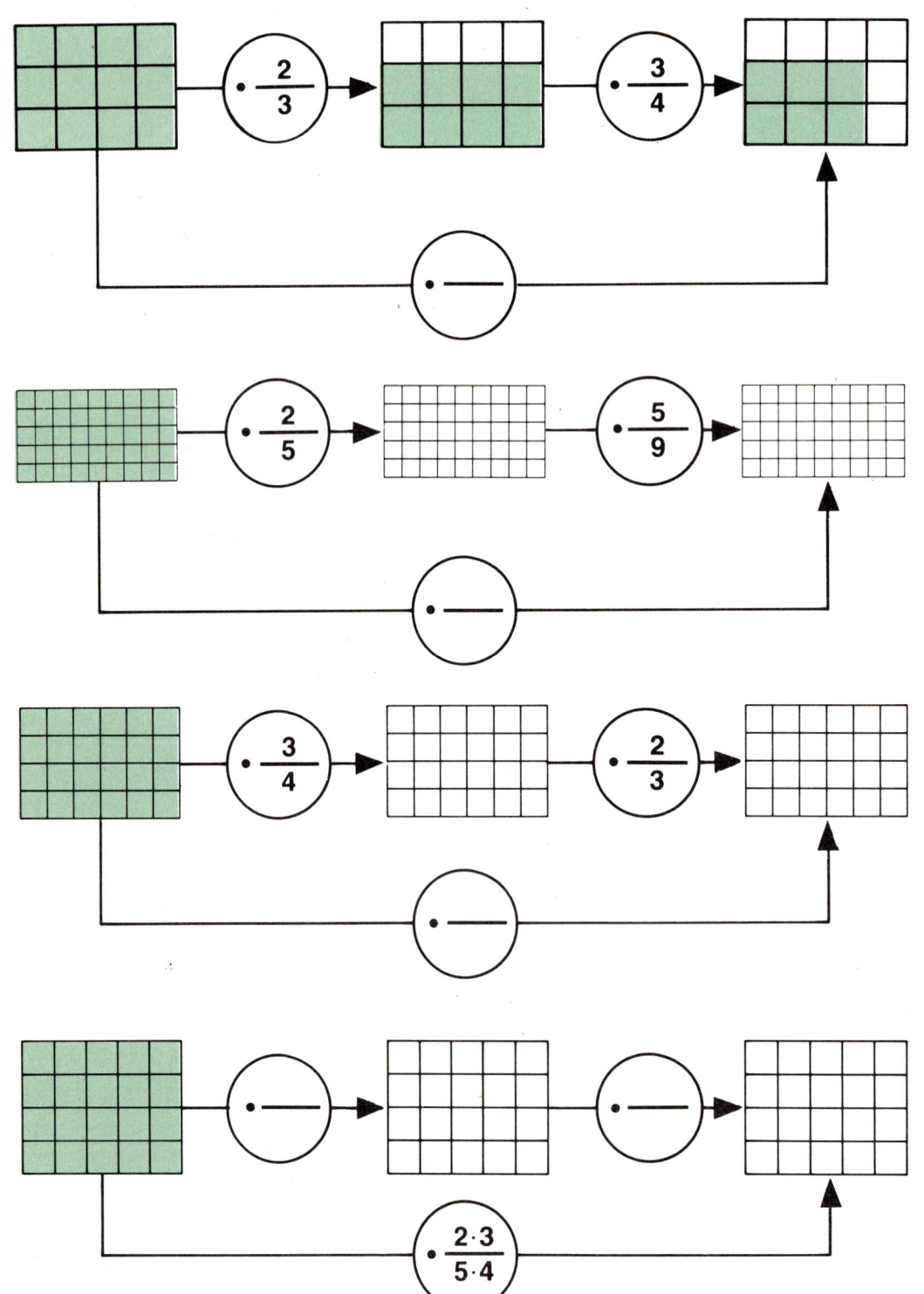

Arbeitsauftrag

Male den Bruchteil des Rechtecks aus, der sich durch die Multiplikation mit der Bruchzahl ergibt.
Trage die fehlenden Zahlen ein.

Ein Bruch für zwei

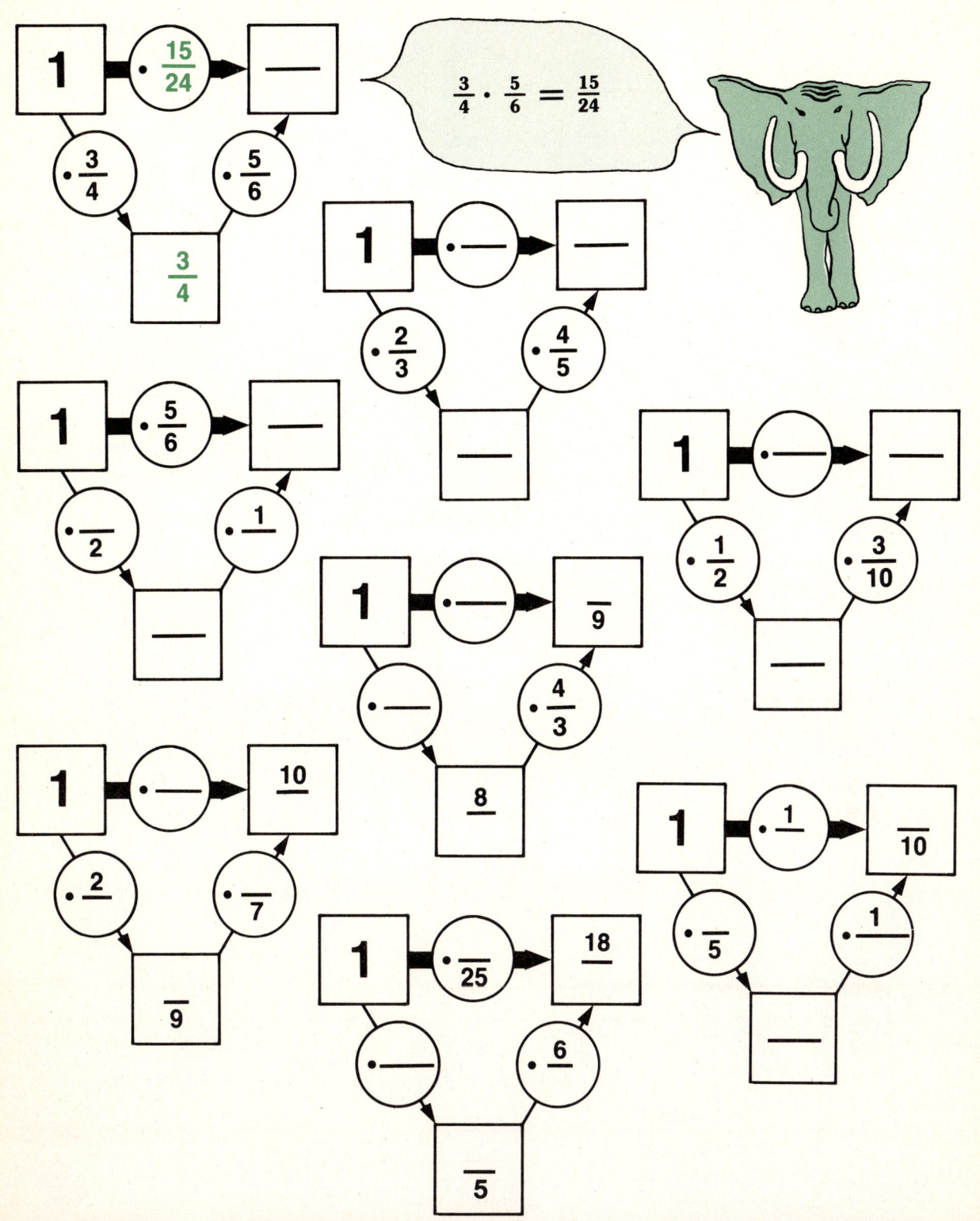

Arbeitsauftrag

Der dicke Pfeil ersetzt die beiden anderen Pfeile.
Fülle die Leerstellen aus.

Von Produkten

Bruch mal Bruch bedeutet
Zähler mal Zähler
Nenner mal Nenner

Arbeitsauftrag

Multipliziere die beiden nebeneinanderstehenden Bruchzahlen miteinander.
Der Pfeil zeigt auf das Ergebnis.

Gleiche Produkte

$\frac{3}{4} \odot \frac{5}{7} = \frac{5}{4} \odot \frac{3}{7}$

$\frac{2}{3} \odot \frac{4}{15} = \frac{4}{5} \odot \frac{2}{9}$

$\frac{2}{5} \odot \frac{8}{9} = \frac{4}{5} \odot \frac{4}{9}$

$\frac{1}{7} \odot \frac{9}{10} = \frac{3}{5} \odot \frac{3}{14}$

$\frac{4}{9} \odot \frac{4}{5} = \frac{2}{15} \odot \frac{8}{3}$

$\frac{7}{10} \odot \frac{11}{16} = \frac{1}{32} \odot \frac{77}{5}$

$\frac{9}{14} \odot \frac{9}{14} = \frac{3}{7} \odot \frac{27}{28}$

$\frac{7}{5} \odot \frac{4}{9} = \frac{14}{3} \odot \frac{2}{15}$

Hier findest du alle fehlenden Brüche wieder.

$\frac{2}{9} \quad \frac{27}{28} \quad \frac{77}{5} \quad \frac{4}{9} \quad \frac{8}{3} \quad \frac{3}{7} \quad \frac{3}{14} \quad \frac{2}{15}$

Arbeitsauftrag

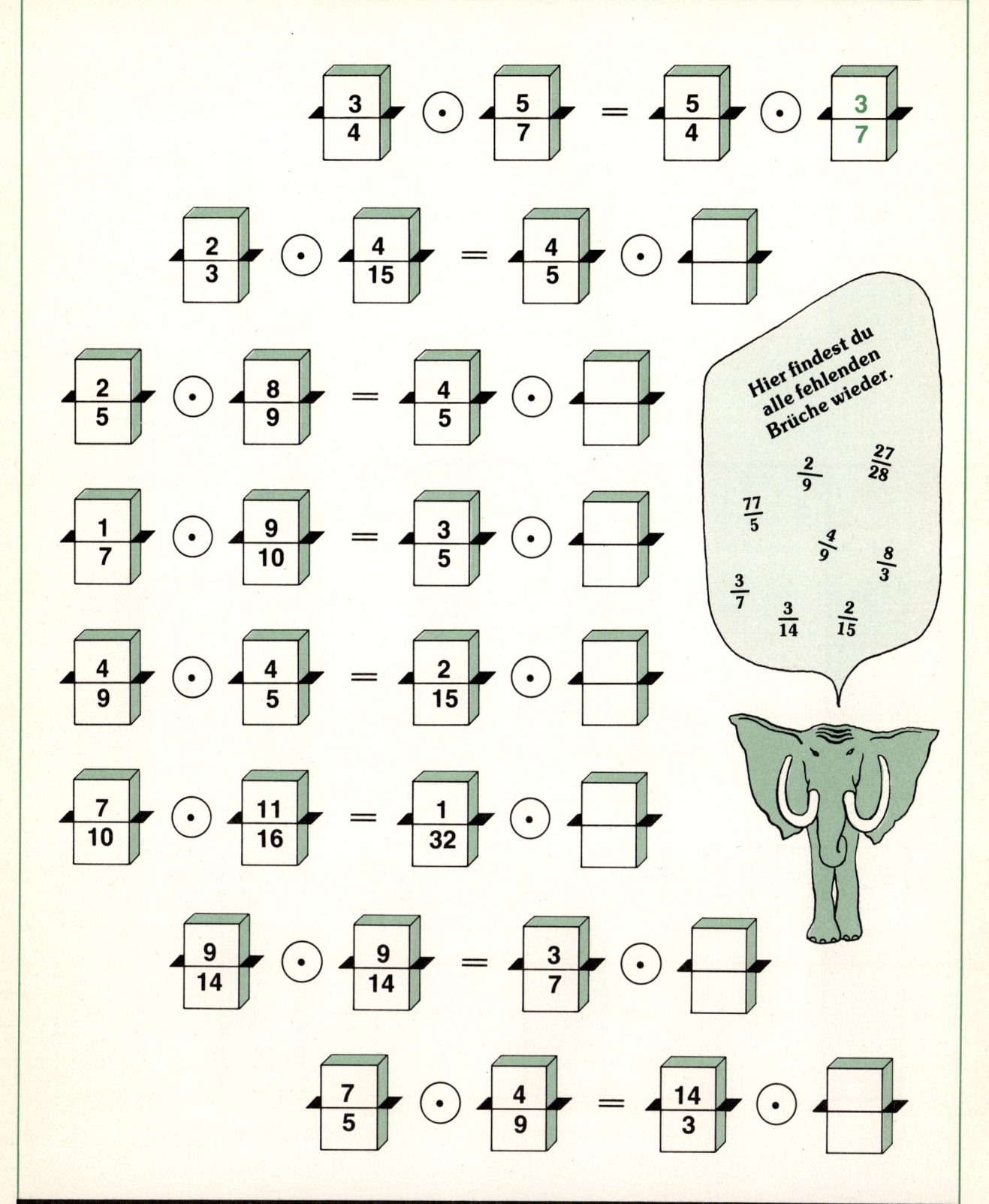

Rechne das Produkt links vom Gleichheitszeichen aus. Wenn du rechts vom Gleichheitszeichen die richtige Bruchzahl einsetzt, erhälst du das gleiche Ergebnis.

Multiplikationstafeln

·	$1\frac{1}{2}$	$3\frac{3}{4}$
$\frac{1}{2}$		
$\frac{1}{5}$		

·	$12\frac{1}{2}$	$\frac{1}{2}$
5		
$\frac{1}{5}$		

·	3	$\frac{5}{3}$
$\frac{3}{4}$		
$1\frac{7}{20}$	$4\frac{1}{20}$	

BEISPIEL

Wandle die ganzen Zahlen und die gemischten Zahlen in Bruchzahlen um.

$$1\frac{7}{20} \cdot 3 = \frac{27}{20} \cdot \frac{3}{1} = \frac{81}{20}$$

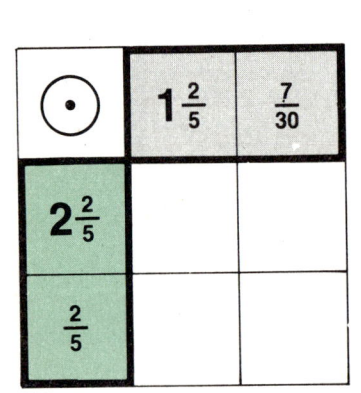

·	$2\frac{1}{2}$	$9\frac{3}{8}$
$\frac{3}{4}$		
$\frac{1}{5}$		

·	$1\frac{1}{2}$	$\frac{1}{2}$
$\frac{1}{6}$		
$\frac{1}{2}$		

·	$1\frac{2}{5}$	$\frac{7}{30}$
$2\frac{2}{5}$		
$\frac{2}{5}$		

·	$\frac{2}{3}$	$\frac{4}{9}$
2		
3		

·	$\frac{1}{9}$	$\frac{1}{10}$
$\frac{5}{6}$		
$\frac{3}{4}$		

Arbeitsauftrag

Multipliziere die Bruchzahlen der senkrechten Spalte mit den Bruchzahlen der waagerechten Zeile. Eine Lösung kommt in jeder Multiplikationstafel zweimal vor.

Produkte in Quadraten

BEISPIEL

$\square \cdot \frac{3}{4} \cdot \frac{1}{3} = \frac{1}{1}$

$\square \cdot \frac{3}{12} = \frac{1}{1}$

$4 \cdot \frac{1}{4} = \frac{1}{1}$

Quadrate:
- Oben: 2, $\frac{1}{3}$, 1, $\frac{1}{6}$
- Links oben: 4, 3, $\frac{3}{4}$, $\frac{1}{3}$, $\frac{1}{4}$
- Rechts oben: $\frac{7}{2}$, $\frac{1}{14}$, $\frac{2}{7}$, $\frac{1}{2}$
- Links unten: 5, $\frac{1}{7}$, 1, 7
- Rechts unten: $\frac{5}{2}$, $\frac{1}{10}$, $\frac{1}{5}$, $\frac{1}{2}$
- Unten: 4, 1, $\frac{1}{5}$, 20

Arbeitsauftrag

Wenn du die richtigen Zahlen in die Kästchen einsetzt, ist das Produkt der schräg untereinanderstehenden Zahlen immer 1.

Produktenbaum

Arbeitsauftrag

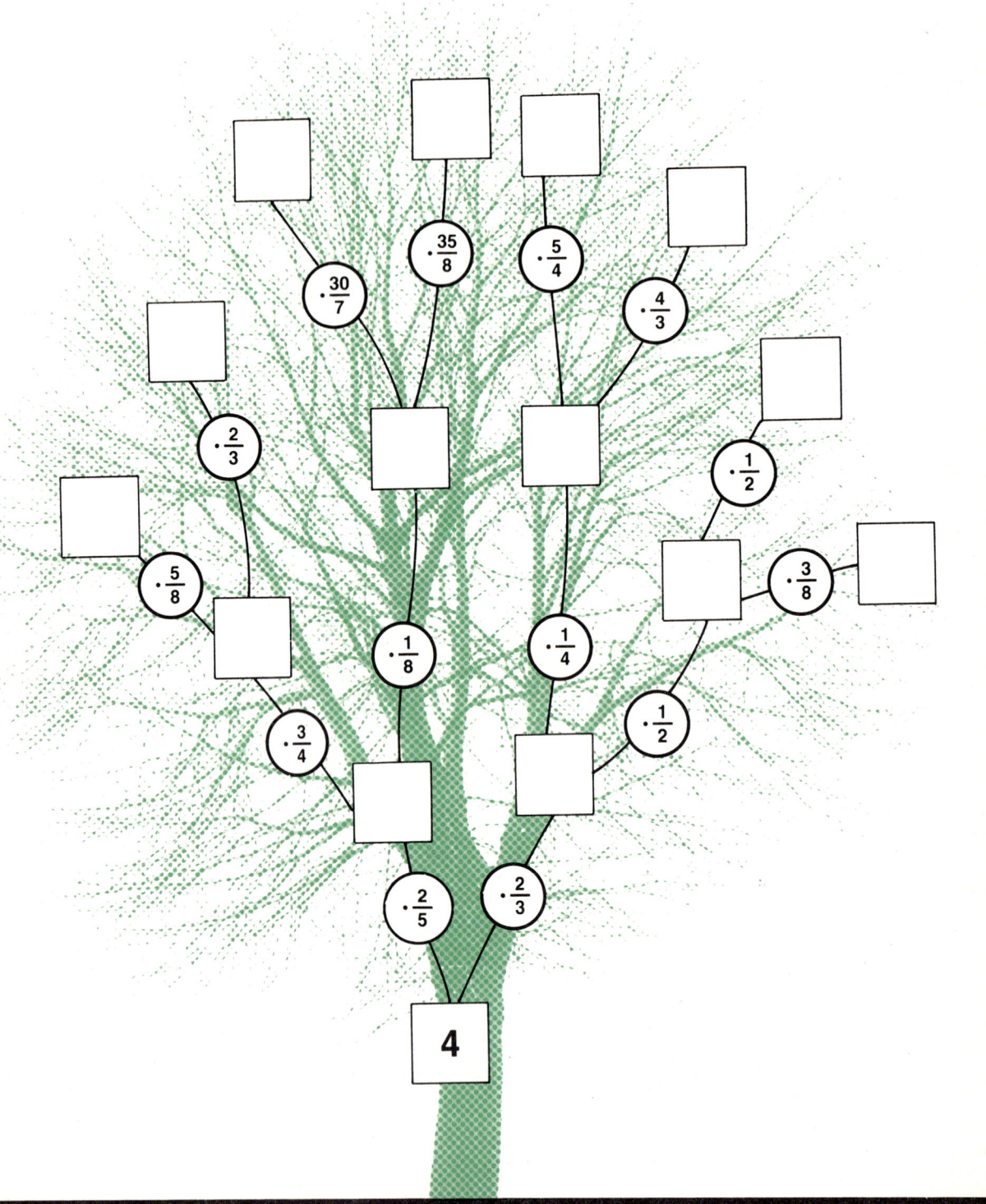

Multipliziere bis in die Spitzen des Rechenbaums.
Der Zähler von jedem Endergebnis ist immer um 1 kleiner als der Nenner.

Verlorene Ziffern

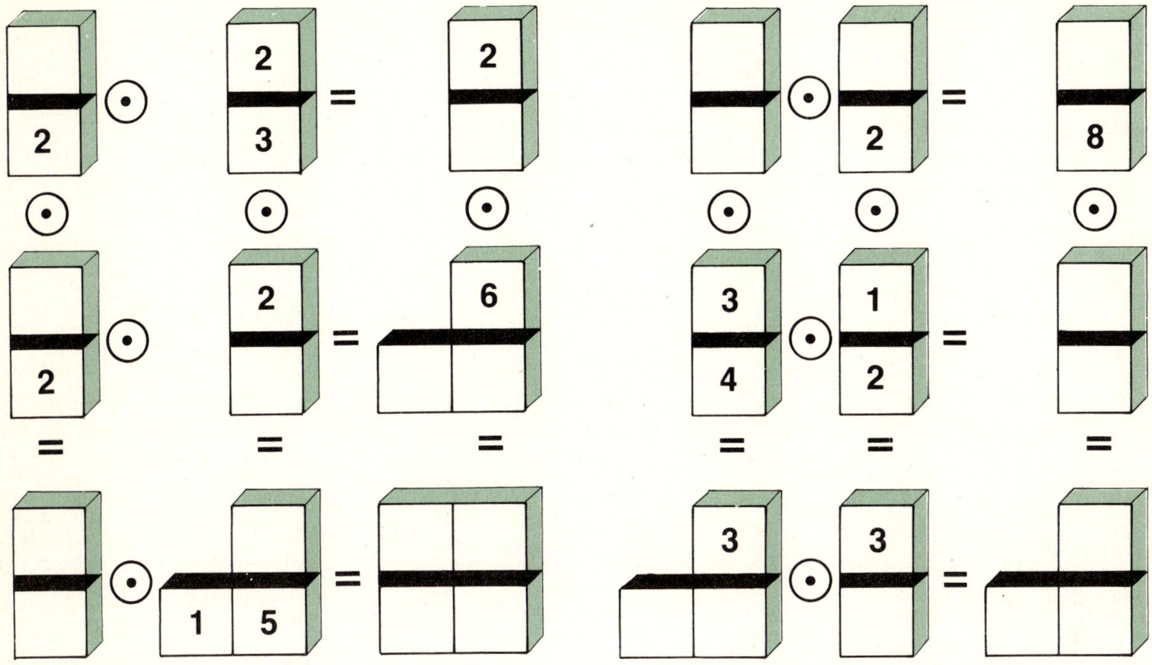

$$\frac{\Box}{2} \cdot \frac{2}{3} = \frac{2}{\Box} \qquad \frac{\Box}{\Box} \cdot \frac{\Box}{2} = \frac{\Box}{8}$$

$$\odot \qquad \odot \qquad \odot \qquad \odot \qquad \odot \qquad \odot$$

$$\frac{\Box}{2} \cdot \frac{2}{\Box} = \frac{6}{\Box\Box} \qquad \frac{3}{4} \cdot \frac{1}{2} = \frac{\Box}{\Box}$$

$$= \qquad = \qquad = \qquad = \qquad = \qquad =$$

$$\frac{\Box}{\Box} \cdot \frac{\Box}{15} = \frac{\Box\Box}{\Box\Box} \qquad \frac{\Box\Box}{3} \cdot \frac{3}{\Box} = \frac{\Box\Box}{\Box\Box}$$

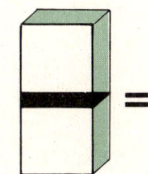

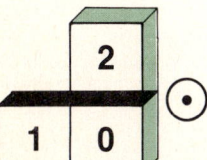

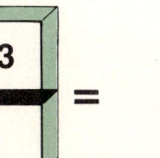

$$\frac{3}{\Box} \cdot \frac{\Box}{\Box} = \frac{\Box}{35}$$

$$\odot \qquad \odot \qquad \odot$$

$$\frac{2}{10} \cdot \frac{3}{\Box} = \frac{\Box}{90}$$

$$= \qquad = \qquad =$$

$$\frac{\Box}{70} \cdot \frac{6}{\Box} = \frac{\Box\Box}{\Box\Box}$$

Bruch mal Bruch bedeutet:
Zähler mal Zähler
Nenner mal Nenner

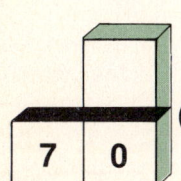

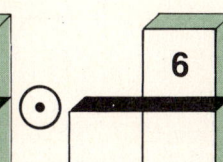

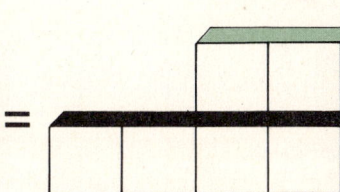

Arbeitsauftrag

Trage die fehlenden Ziffern ein. In jedes Kästchen kommt nur eine Ziffer.
Überprüfe anschließend alle Gleichungen.

Verschlüsselte Bruchzahlen

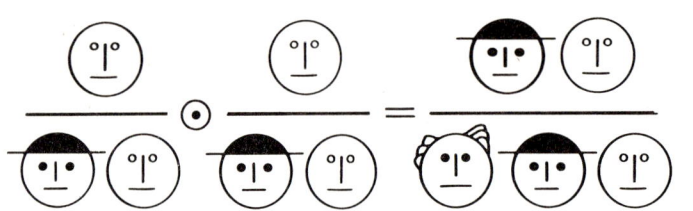

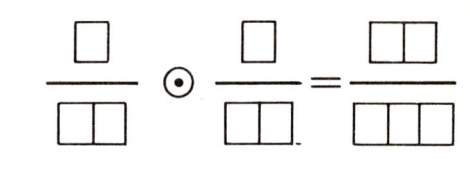

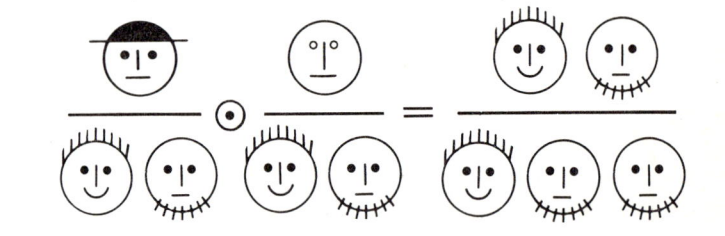

Arbeitsauftrag

Jeder Kopf steht stellvertretend für eine Ziffer.
Schreibe die Aufgaben auch mit Bruchzahlen.

Warum kann hier nur die 1 stehen?

Bruch und Kehrbruch

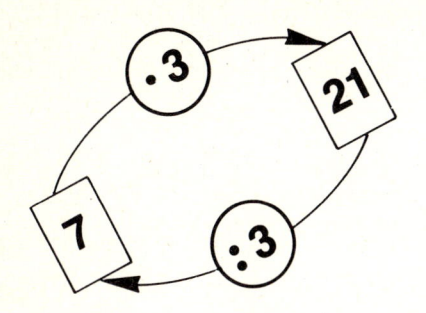

Die Multiplikation wird durch die Division wieder rückgängig gemacht.

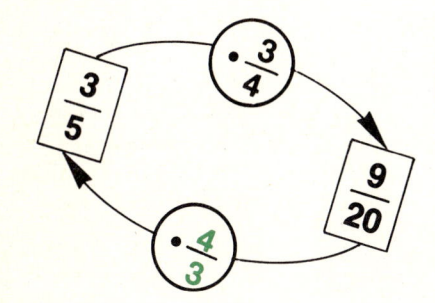

Die Division durch eine Bruchzahl kann durch die Multiplikation mit dem KEHRBRUCH ersetzt werden.

$$\frac{9}{20} : \frac{3}{4} = \frac{9}{20} \cdot \frac{4}{3}$$

$\frac{2}{3} : \frac{3}{5} = \frac{2}{3} \cdot \boxed{} = \boxed{}$

$\frac{1}{8} : \frac{2}{7} = \boxed{} \cdot \boxed{} = \boxed{}$ $\frac{2}{7} : \frac{1}{8} = \boxed{} \cdot \boxed{} = \boxed{}$

$\frac{2}{5} : \frac{1}{6} = \boxed{} \cdot \boxed{} = \boxed{}$ $\frac{1}{6} : \frac{2}{5} = \boxed{} \cdot \boxed{} = \boxed{}$

$\frac{1}{2} : \frac{3}{5} = \boxed{} \cdot \boxed{} = \boxed{}$ $\frac{3}{5} : \frac{1}{2} = \boxed{} \cdot \boxed{} = \boxed{}$

$\frac{3}{5} : \frac{2}{3} = \boxed{} \cdot \boxed{} = \boxed{}$ $\frac{3}{4} : \frac{4}{3} = \boxed{} \cdot \boxed{} = \boxed{}$

Arbeitsauftrag

Multipliziere mit dem Kehrbruch.

Von Quotienten

$\dfrac{4}{5} : \dfrac{5}{3} = \underline{}$

$\dfrac{5}{4} : \dfrac{8}{9} = \underline{}$

$\dfrac{4}{9} : \dfrac{7}{5} = \underline{}$

$\dfrac{1}{5} : \dfrac{6}{7} = \dfrac{7}{30}$ **BEISPIEL**

.... und immer an den Kehrbruch denken.

$\dfrac{8}{9} : \dfrac{5}{4} = \underline{}$

$\dfrac{2}{15} : \dfrac{3}{16} = \underline{}$

$\dfrac{1}{3} : \dfrac{10}{7} = \underline{}$

$\dfrac{6}{7} : \dfrac{1}{5} = \underline{}$

$\dfrac{3}{2} : \dfrac{2}{5} = \underline{}$

$\dfrac{7}{5} : \dfrac{4}{9} = \underline{}$

$\dfrac{5}{3} : \dfrac{4}{5} = \underline{}$

$\dfrac{3}{16} : \dfrac{2}{15} = \underline{}$

$\dfrac{10}{7} : \dfrac{1}{3} = \underline{}$

$\dfrac{2}{5} : \dfrac{3}{2} = \underline{}$

Arbeitsauftrag

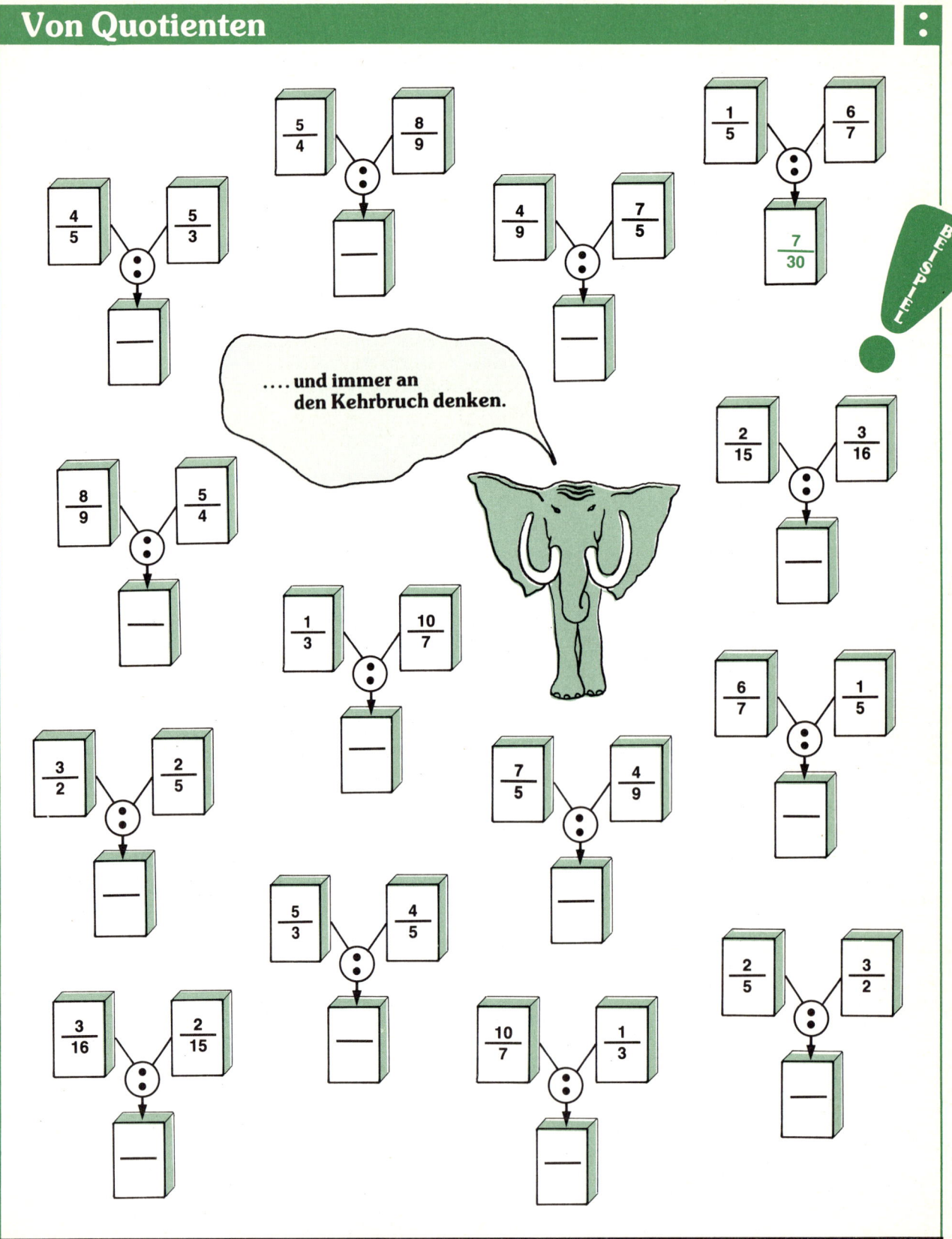

Dividiere die beiden Bruchzahlen.
Der Pfeil zeigt dir, wo du das Ergebnis eintragen kannst.

Versteckte Zahlen

$\frac{1}{5} : \frac{1}{2} = \boxed{\frac{2}{5}}$ **BEISPIEL**

$\frac{3}{4} : \frac{2}{3} = \boxed{}$

$\frac{2}{3} : \frac{3}{2} = \boxed{}$

$\frac{4}{5} : \frac{5}{3} = \boxed{}$

$\frac{1}{3} : \frac{1}{2} = \boxed{}$

$\frac{1}{5} : \frac{2}{3} = \boxed{}$

$\frac{1}{10} : \frac{2}{3} = \boxed{}$

$\frac{1}{2} : \frac{2}{5} = \boxed{}$

$\frac{2}{5} : \frac{3}{4} = \boxed{}$

$\frac{1}{3} : \frac{1}{4} = \boxed{}$

$\frac{2}{3} : \frac{1}{5} = \boxed{}$

$\frac{2}{3} : \frac{1}{10} = \boxed{}$

$\frac{2}{5} : \frac{1}{2} = \boxed{}$

$\frac{3}{4} : \frac{2}{5} = \boxed{}$

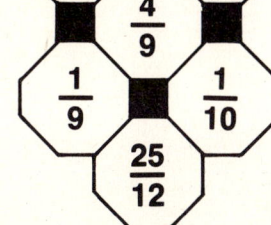

$\frac{1}{4} : \frac{1}{3} = \boxed{}$

$\frac{1}{2} : \frac{1}{5} = \boxed{}$

$\frac{2}{3} : \frac{3}{4} = \boxed{}$

$\frac{3}{2} : \frac{2}{3} = \boxed{}$

$\frac{5}{3} : \frac{4}{5} = \boxed{}$

$\frac{1}{2} : \frac{1}{3} = \boxed{}$

Ein Kreuz mit den versteckten Zahlen.

Arbeitsauftrag

Die Ergebnisse der Aufgaben sind in dem Zahlenkreuz versteckt.
Male das Feld aus, wenn du die Lösung gefunden hast.

Zahlenbild

1 $\frac{2}{5} : \frac{1}{4} = \boxed{\frac{8}{5}}$

2 $\frac{2}{9} : \frac{3}{5} = \boxed{}$

3 $\frac{5}{6} : \frac{3}{2} = \boxed{}$

4 $\frac{2}{5} : 10 = \boxed{}$

5 $6 : \frac{4}{3} = \boxed{}$

6 $\frac{9}{10} : \frac{3}{4} = \boxed{}$

12 $\frac{3}{4} : 5 = \boxed{}$

13 $\frac{6}{5} : \frac{3}{10} = \boxed{}$

14 $\frac{1}{3} : \frac{3}{8} = \boxed{}$

15 $6 : \frac{8}{5} = \boxed{}$

16 $\frac{5}{2} : \frac{9}{4} = \boxed{}$

• $\frac{6}{5}$

• $\frac{9}{10}$

• $\frac{10}{27}$

• $\frac{15}{4}$

• $\frac{9}{2}$ • $\frac{3}{20}$ • $\frac{8}{5}$ • $\frac{10}{9}$ • $\frac{27}{10}$ • $\frac{9}{5}$ • $\frac{8}{9}$ • $\frac{5}{9}$ • $\frac{4}{15}$ • $\frac{20}{3}$

• $\frac{5}{8}$

• $\frac{25}{1}$

• $\frac{4}{1}$

7 $5 : \frac{3}{4} = \boxed{}$

8 $\frac{3}{10} : \frac{6}{5} = \boxed{}$

9 $\frac{3}{8} : \frac{1}{3} = \boxed{}$

10 $\frac{8}{5} : 6 = \boxed{}$

11 $\frac{9}{4} : \frac{5}{2} = \boxed{}$

• $\frac{1}{25}$

• $\frac{9}{8}$

• $\frac{1}{4}$

17 $\frac{1}{4} : \frac{2}{5} = \boxed{}$

18 $\frac{3}{5} : \frac{2}{9} = \boxed{}$

19 $\frac{3}{2} : \frac{5}{6} = \boxed{}$

20 $10 : \frac{2}{5} = \boxed{}$

21 $\frac{4}{5} : \frac{1}{2} = \boxed{}$

Arbeitsauftrag

Jeder Punkt gibt eine Lösung einer Aufgabe an.
Verbinde die Punkte in der Reihenfolge der Aufgaben.

Divisionstafeln

:	$\frac{2}{5}$	$\frac{3}{4}$
$\frac{1}{2}$		
$\frac{15}{16}$		

:	3	4
$\frac{1}{3}$		
$\frac{4}{9}$		

:	$\frac{3}{5}$	2
$\frac{4}{7}$		
$\frac{6}{35}$		

:	$2\frac{1}{2}$	$1\frac{3}{4}$
$5\frac{1}{4}$		
$7\frac{1}{2}$		

:	5	$2\frac{7}{8}$
8		
$4\frac{3}{5}$		$1\frac{3}{5}$

BEISPIEL!

$$4\frac{3}{5} : 2\frac{7}{8} = \frac{23}{5} : \frac{23}{8} = \frac{8}{5}$$

:	$\frac{2}{3}$	$6\frac{2}{3}$
5		
$\frac{1}{2}$		

:	$1\frac{2}{3}$	$7\frac{1}{2}$
$1\frac{1}{3}$		
6		

Arbeitsauftrag

Dividiere die Bruchzahlen der senkrechten Spalte durch die Bruchzahlen der waagerechten Zeile.
Zur Kontrolle: In jeder Divisionstafel ergeben sich zwei gleiche Ergebnisse.

Bruchrechenstraße

$\frac{3}{10} : \frac{1}{5} = 1\frac{1}{2}$

$\frac{3}{4} : 2\frac{1}{2} =$ ☐

$\frac{4}{5} : 20 =$ ☐

$16 : 20 =$ ☐

$1\frac{4}{5} : 2\frac{2}{5} =$ ☐

$\frac{1}{25} : \frac{1}{45} =$ ☐

$2 : \frac{1}{8} =$ ☐

$1\frac{1}{2} : \frac{3}{4} =$ ☐

Arbeitsauftrag

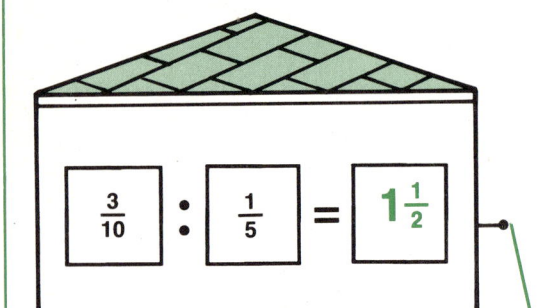

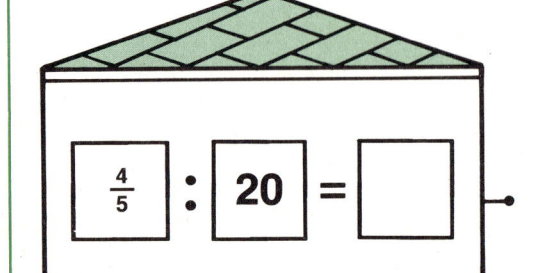

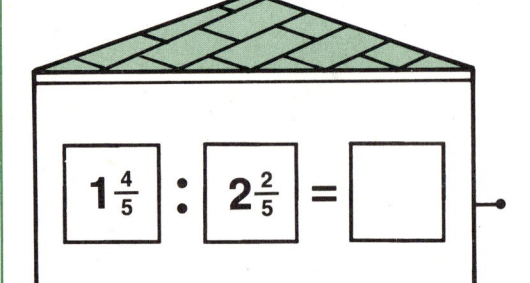

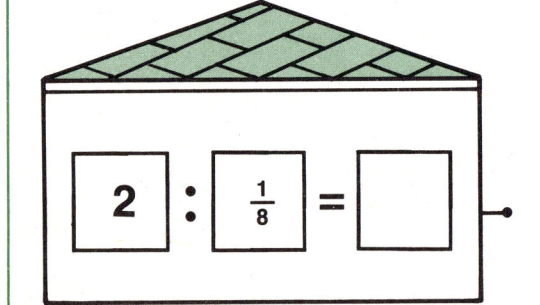

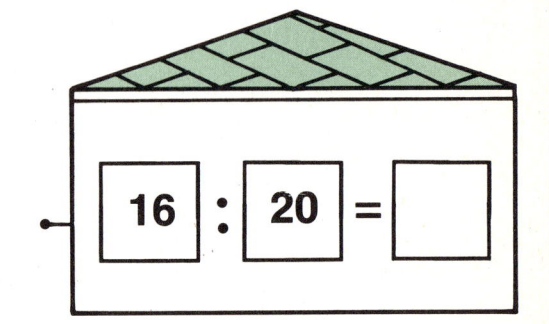

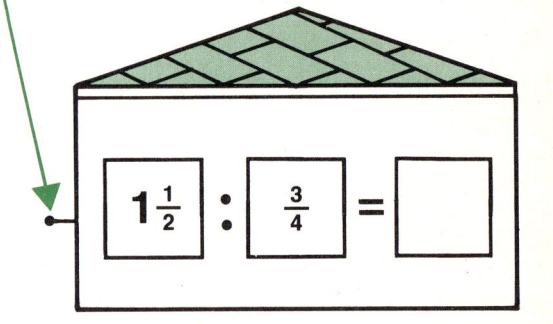

Der Rechenmeister geht in der Bruchrechenstraße von Haus zu Haus.
Und so findet er seinen Weg: Das Ergebnis jeder Aufgabe ist immer die erste Bruchzahl einer anderen Augabe.
Verbinde die Aufgaben durch Pfeile!

Vergrößern und verkleinern

Arbeitsauftrag

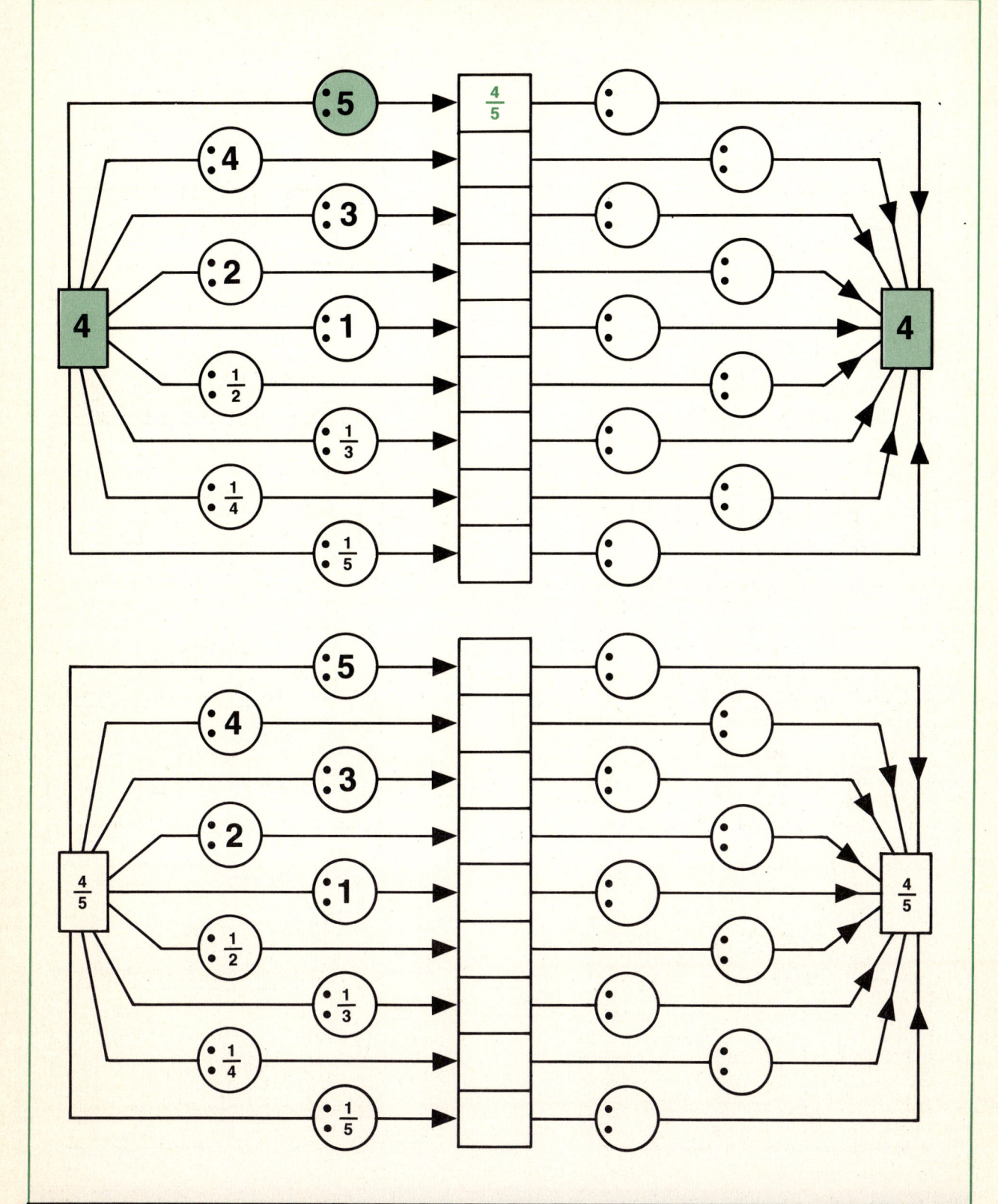

Rechne in Pfeilrichtung und trage die fehlenden Zahlen ein.
Male die Kreise und Kästchen bunt aus, wenn die Zahl darin größer ist als 1.

Verlorene Bruchzahlen

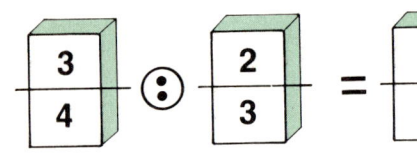

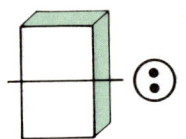

$\dfrac{3}{4} : \dfrac{2}{3} = \dfrac{9}{8}$ **BEISPIEL!**

$\dfrac{\square}{\square} : \dfrac{5}{2} = \dfrac{3}{4}$

$:$ $:$ $:$ $:$ $:$ $:$

$\dfrac{2}{5} : \dfrac{3}{2} = \dfrac{\square}{\square}$ $\dfrac{\square}{\square} : \dfrac{1}{2} = \dfrac{7}{8}$

$=$ $=$ $=$ $=$ $=$ $=$

$\dfrac{\square}{\square} : \dfrac{\square}{\square} = \dfrac{\square}{\square}$ $\dfrac{\square}{\square} : \dfrac{\square}{\square} = \dfrac{\square}{\square}$

Denke an die Umkehraufgabe, wenn du einmal nicht weiterrechnen kannst.

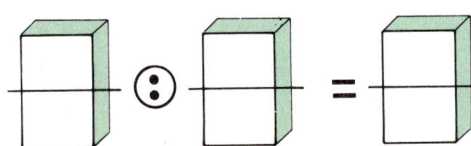

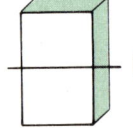

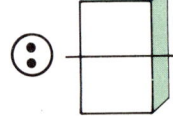

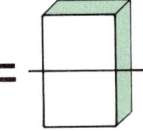

$\dfrac{3}{4} \odot \dfrac{2}{3} =$

$\dfrac{3}{4} \odot \dfrac{2}{3} = \dfrac{9}{8}$

$\dfrac{1}{2} : \dfrac{\square}{\square} = \dfrac{4}{3}$ $\dfrac{2}{9} : \dfrac{1}{2} = \dfrac{\square}{\square}$

$:$ $:$ $:$ $:$ $:$ $:$

$\dfrac{\square}{\square} : \dfrac{\square}{\square} = \dfrac{\square}{\square}$ $\dfrac{1}{4} : \dfrac{\square}{\square} = \dfrac{\square}{\square}$

$=$ $=$ $=$ $=$ $=$ $=$

$\dfrac{3}{2} : \dfrac{\square}{\square} = \dfrac{16}{3}$ $\dfrac{\square}{\square} : \dfrac{5}{4} = \dfrac{\square}{\square}$

Arbeitsauftrag

Suche die fehlenden Bruchzahlen und trage sie in die Leerstellen ein.

Quotientenbaum :

Arbeitsauftrag

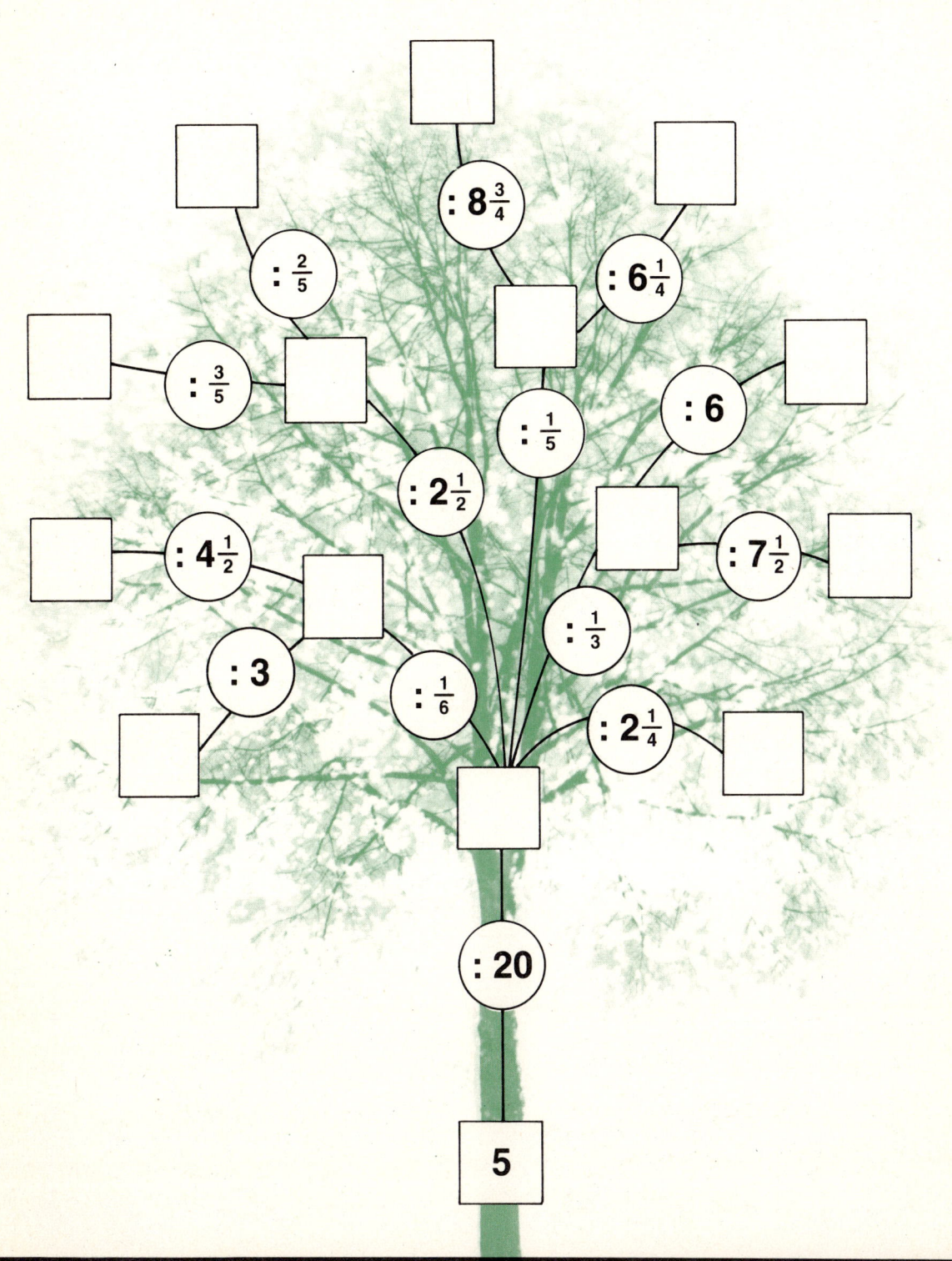

Dividiere bis in die Spitzen des Rechenbaums und vergleiche die Endergebnisse miteinander.

Flächen zum Ausmalen

Erst rechnen dann ausmalen

Arbeitsauftrag

Multipliziere und dividiere. Male den Bruchteil aus.
Vergleiche mit Seite 7.

Rechendreiecke

BEISPIEL

Triangle 1 (example): 2 → ·2/9 → 4/9; :9 → 2; ·2; bottom = 2/9

Speech bubble: $\frac{1}{9} \cdot 2 = \frac{2}{9}$

Triangle 2: 3 → □; :14, ·5

Triangle 3: 2/3 → □; :3, ·2

Triangle 4: 1/5 → □; :2, ·3

Triangle 5: 3/2 → □; :7, ·5

Triangle 6: 1/2 → □; :1/3, ·1/5

Triangle 7: 2 → □; :1/4, ·1/9

Triangle 8: 1/3 → □; :1/8, ·1/3

Arbeitsauftrag

Der dicke Pfeil ersetzt die beiden anderen Pfeile.
Fülle die Leerstellen aus.

Nur zwei Ziffern

$\frac{16}{25} \odot \frac{4}{5} = \frac{4}{5}$

$\frac{4}{5} \odot \boxed{-} = \frac{5}{4}$

$\frac{4}{5} \odot \frac{5}{4} = \boxed{-}$

$\frac{5}{4} \odot \boxed{-} = \frac{4}{5}$

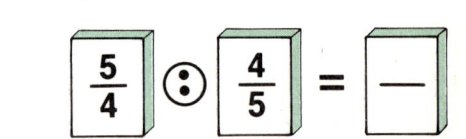

$\boxed{-} \odot \frac{4}{5} = \frac{5}{4}$

$\boxed{-} \odot \frac{5}{4} = \frac{4}{5}$

$\frac{5}{4} \odot \frac{4}{5} = \boxed{-}$

$\frac{4}{5} \oslash \frac{5}{4} = \boxed{-}$

$\frac{4}{5} \oslash \boxed{-} = \frac{5}{4}$

$\boxed{-} \oslash \frac{4}{5} = \frac{5}{4}$

$\frac{5}{4} \oslash \boxed{-} = \frac{4}{5}$

$\boxed{-} \oslash \frac{5}{4} = \frac{4}{5}$

$\frac{5}{4} \oslash \frac{4}{5} = \boxed{-}$

$\boxed{-} \oslash \frac{5}{4} = \frac{5}{4}$

Hier sind alle Lösungen

~~$\frac{16}{25}$~~ $\frac{20}{20}$ $\frac{25}{16}$

$\frac{16}{25}$

$\frac{25}{16}$ $\frac{25}{16}$

$\frac{16}{25}$ $\frac{25}{16}$

$\frac{16}{25}$

$\frac{25}{16}$ $\frac{20}{20}$

$\frac{20}{20}$ $\frac{20}{20}$

$\frac{16}{25}$

Arbeitsauftrag

2 Ziffern, 4 Bruchzahlen, 14 Aufgaben
Setze die richtigen Bruchzahlen an die richtige Stelle.

Rechenring

$\frac{2}{5} \cdot \frac{1}{3} =$

$\frac{1}{3} : \frac{1}{2} =$

$\frac{2}{3} \cdot \frac{3}{7} =$

$\frac{1}{4} : \frac{5}{4} =$

$\frac{1}{5} \cdot \frac{1}{5} =$

$\frac{2}{15} : 2 =$

$\frac{1}{15} \cdot 5 =$

$\frac{2}{7} : \frac{1}{7} =$

$2 \cdot \frac{1}{8} =$

$\frac{1}{25} : \frac{1}{10} =$

Von jeder Aufgabe geht ein Pfeil aus.
Bei jeder Aufgabe kommt ein Pfeil an.

$2\frac{1}{2} \cdot \frac{3}{5} =$

$\frac{3}{10} \cdot 6\frac{2}{3} =$

$\frac{1}{5} \cdot 3\frac{3}{4} =$

$23 \cdot \frac{1}{10} =$

$\frac{1}{2} \cdot 5\frac{3}{4} =$

$\frac{3}{4} : 2\frac{1}{2} =$

$2 : \frac{4}{5} =$

$1\frac{1}{2} : 3 =$

$2\frac{7}{8} : \frac{1}{8} =$

$2\frac{3}{10} : 11\frac{1}{2} =$

Arbeitsauftrag

Du hast richtig gerechnet, wenn das Ergebnis jeder Aufgabe auch immer die erste Zahl einer anderen Aufgabe ist.
Verbinde diese Aufgaben mit Pfeilen.

Rechenstern zum Ausmalen

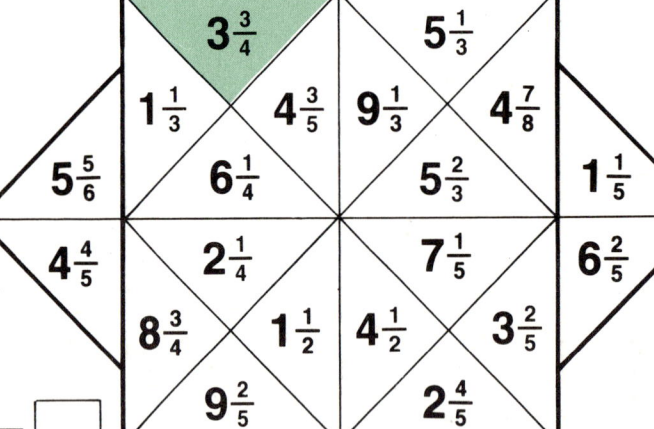

$1\frac{5}{8} + 2\frac{1}{8} = \boxed{3\frac{3}{4}}$ **BEISPIEL!**

$5\frac{1}{6} + \frac{2}{3} = \square$

$3\frac{2}{3} + 5\frac{2}{3} = \square$

$2\frac{3}{4} + 3\frac{1}{2} = \square$

$2\frac{1}{2} \cdot 3\frac{1}{2} = \square$

$\frac{3}{8} \cdot 3\frac{1}{5} = \square$

$4 \cdot 1\frac{3}{5} = \square$

$3\frac{1}{5} \cdot 2\frac{1}{4} = \square$

$3\frac{3}{4} - 2\frac{1}{4} = \square$

$6\frac{1}{8} - 2\frac{7}{8} = \square$

$5\frac{1}{6} - 2\frac{1}{3} = \square$

$8\frac{1}{2} - 3\frac{5}{8} = \square$

$\frac{2}{5} : \frac{2}{7} = \square$

$1\frac{2}{3} : 1\frac{1}{3} = \square$

$6 : 1\frac{1}{4} = \square$

$8\frac{2}{5} : 3 = \square$

Zahlen im Rechenstern: $1\frac{1}{4}$, $2\frac{5}{6}$, $3\frac{3}{4}$, $5\frac{1}{3}$, $1\frac{1}{3}$, $4\frac{3}{5}$, $9\frac{1}{3}$, $4\frac{7}{8}$, $5\frac{5}{6}$, $6\frac{1}{4}$, $5\frac{2}{3}$, $1\frac{1}{5}$, $4\frac{4}{5}$, $2\frac{1}{4}$, $7\frac{1}{5}$, $6\frac{2}{5}$, $8\frac{3}{4}$, $1\frac{1}{2}$, $4\frac{1}{2}$, $3\frac{2}{5}$, $9\frac{2}{5}$, $2\frac{4}{5}$, $3\frac{1}{4}$, $1\frac{2}{5}$

Arbeitsauftrag

Die Lösungen der Aufgaben findest du im Rechenstern wieder.
Male die Dreiecke mit den Ergebnissen aus.

Verlorene Rechenzeichen

$\frac{5}{3} + \frac{5}{2} = \frac{5}{3} \bigcirc \frac{5}{2}$

$\frac{9}{10} + \frac{3}{5} = \frac{9}{10} \bigcirc \frac{3}{5}$

$\frac{1}{12} : \frac{1}{4} = \frac{1}{12} \bigcirc \frac{1}{4}$

$\frac{16}{3} - \frac{4}{3} = \frac{16}{3} \bigcirc \frac{4}{3}$

$\frac{4}{5} - \frac{4}{9} = \frac{4}{5} \bigcirc \frac{4}{9}$

$\frac{3}{5} \cdot \frac{3}{8} = \frac{3}{5} \bigcirc \frac{3}{8}$

$\frac{9}{5} \cdot \frac{9}{4} = \frac{9}{5} \bigcirc \frac{9}{4}$

Rechne zuerst die linke Seite der Gleichung aus.

$\frac{9}{2} - \frac{3}{2} = \frac{9}{2} \bigcirc \frac{3}{2}$

Arbeitsauftrag

Setze zwischen die Zahlen rechts vom Gleichheitszeichen ein anderes Rechenzeichen. Auf beiden Seiten der Gleichung muß natürlich das gleiche Ergebnis herauskommen.

Rechennetz

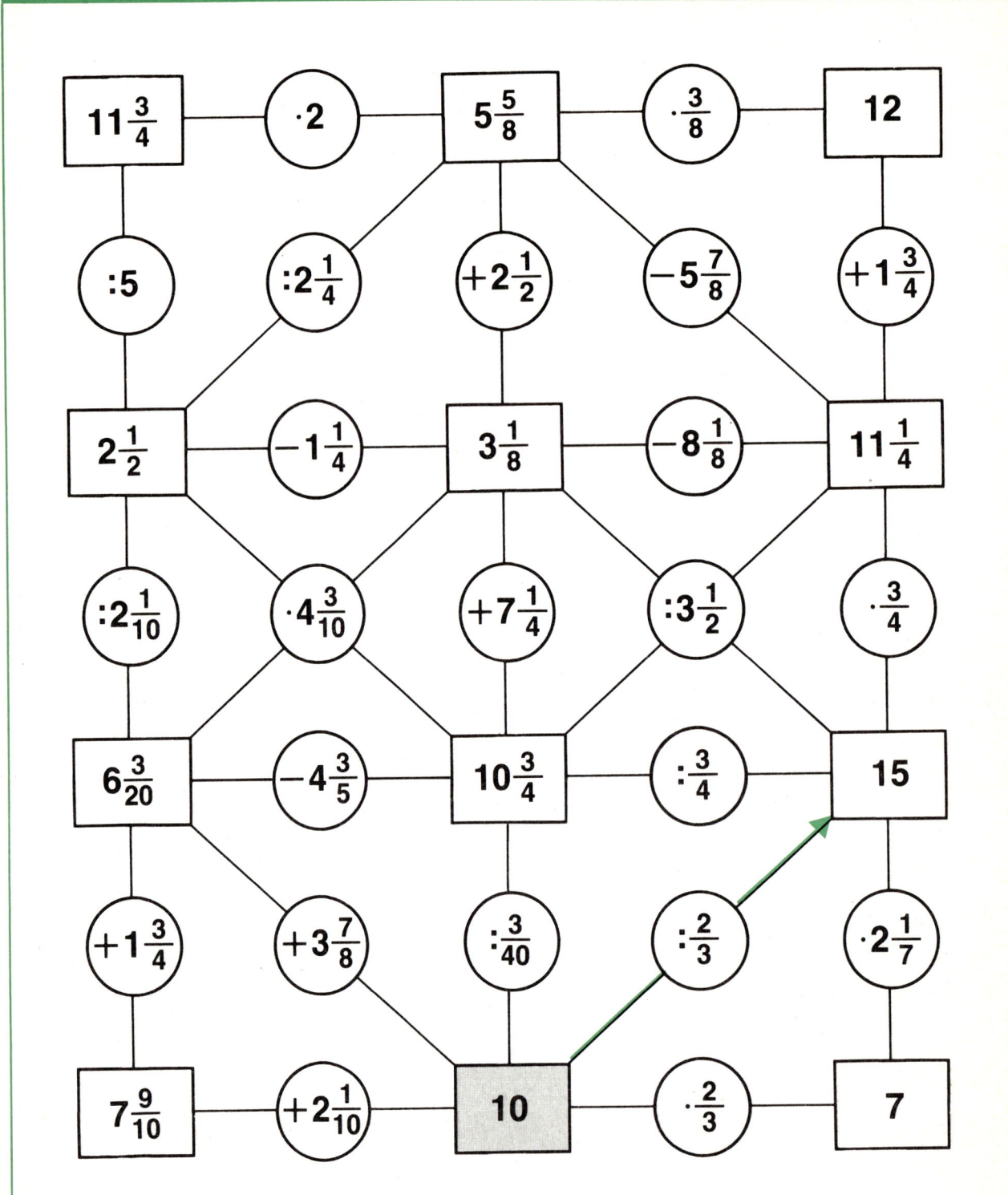

+ − · :

$11\frac{3}{4}$ — ·2 — $5\frac{5}{8}$ — $\cdot\frac{3}{8}$ — 12

:5 $:2\frac{1}{4}$ $+2\frac{1}{2}$ $-5\frac{7}{8}$ $+1\frac{3}{4}$

$2\frac{1}{2}$ — $-1\frac{1}{4}$ — $3\frac{1}{8}$ — $-8\frac{1}{8}$ — $11\frac{1}{4}$

$:2\frac{1}{10}$ $\cdot 4\frac{3}{10}$ $+7\frac{1}{4}$ $:3\frac{1}{2}$ $\cdot\frac{3}{4}$

$6\frac{3}{20}$ — $-4\frac{3}{5}$ — $10\frac{3}{4}$ — $:\frac{3}{4}$ — 15

$+1\frac{3}{4}$ $+3\frac{7}{8}$ $:\frac{3}{40}$ $:\frac{2}{3}$ $\cdot 2\frac{1}{7}$

$7\frac{9}{10}$ — $+2\frac{1}{10}$ — **10** — $\cdot\frac{2}{3}$ — 7

Arbeitsauftrag

Welcher Weg führt durch das Rechennetz von der 10 wieder zur 10 zurück?
Markiere den Weg mit Pfeilen.

Rechenring   + − · :

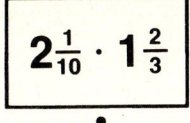

$$2\tfrac{1}{10} \cdot 1\tfrac{2}{3}$$

$$\tfrac{2}{3} - \tfrac{1}{15}$$

$$\tfrac{3}{5} \cdot 2\tfrac{1}{2}$$

$$43 : 5$$

$$\tfrac{7}{10} : 2\tfrac{1}{3}$$

$$\tfrac{3}{10} + \tfrac{1}{5}$$

$$\tfrac{1}{2} : \tfrac{3}{4}$$

$$1\tfrac{1}{2} + 5\tfrac{2}{3}$$

$$3\tfrac{1}{2} \cdot \tfrac{1}{5}$$

$$7\tfrac{1}{6} : \tfrac{1}{6}$$

$$86 - 80\tfrac{3}{4} \longrightarrow 5\tfrac{1}{4} + 2\tfrac{1}{20}$$

Von jeder Aufgabe geht ein Pfeil aus. Bei jeder Aufgabe kommt ein Pfeil an.

$$7\tfrac{3}{10} - 5\tfrac{1}{5}$$

$$8\tfrac{3}{5} \cdot 10$$

Arbeitsauftrag

Das Ergebnis jeder Aufgabe ist immer auch die erste Zahl einer anderen Aufgabe.
Verbinde diese Aufgaben durch Pfeile.

Rechenpläne

$+\ -\ \cdot\ :$

2 $\quad 2\frac{3}{4}$ $\quad 1\frac{1}{2}$ $\quad \frac{1}{26}$ $\quad \frac{1}{8}$ $\quad \frac{9}{10}$ $\quad \frac{3}{7}$ $\quad 2\frac{1}{5}$ $\quad \frac{5}{6}$ $\quad \frac{2}{3}$

$6\frac{1}{2}$ $\quad \frac{9}{20}$ $\quad 10\frac{1}{2}$ $\quad 3\frac{2}{9}$ $\quad 3\frac{2}{3}$ $\quad 4\frac{1}{5}$ $\quad 2\frac{1}{4}$ $\quad 4\frac{9}{10}$ $\quad 2\frac{1}{2}$ $\quad 1\frac{15}{16}$

Die Summe der vier Endergebnisse ist 10

Arbeitsauftrag

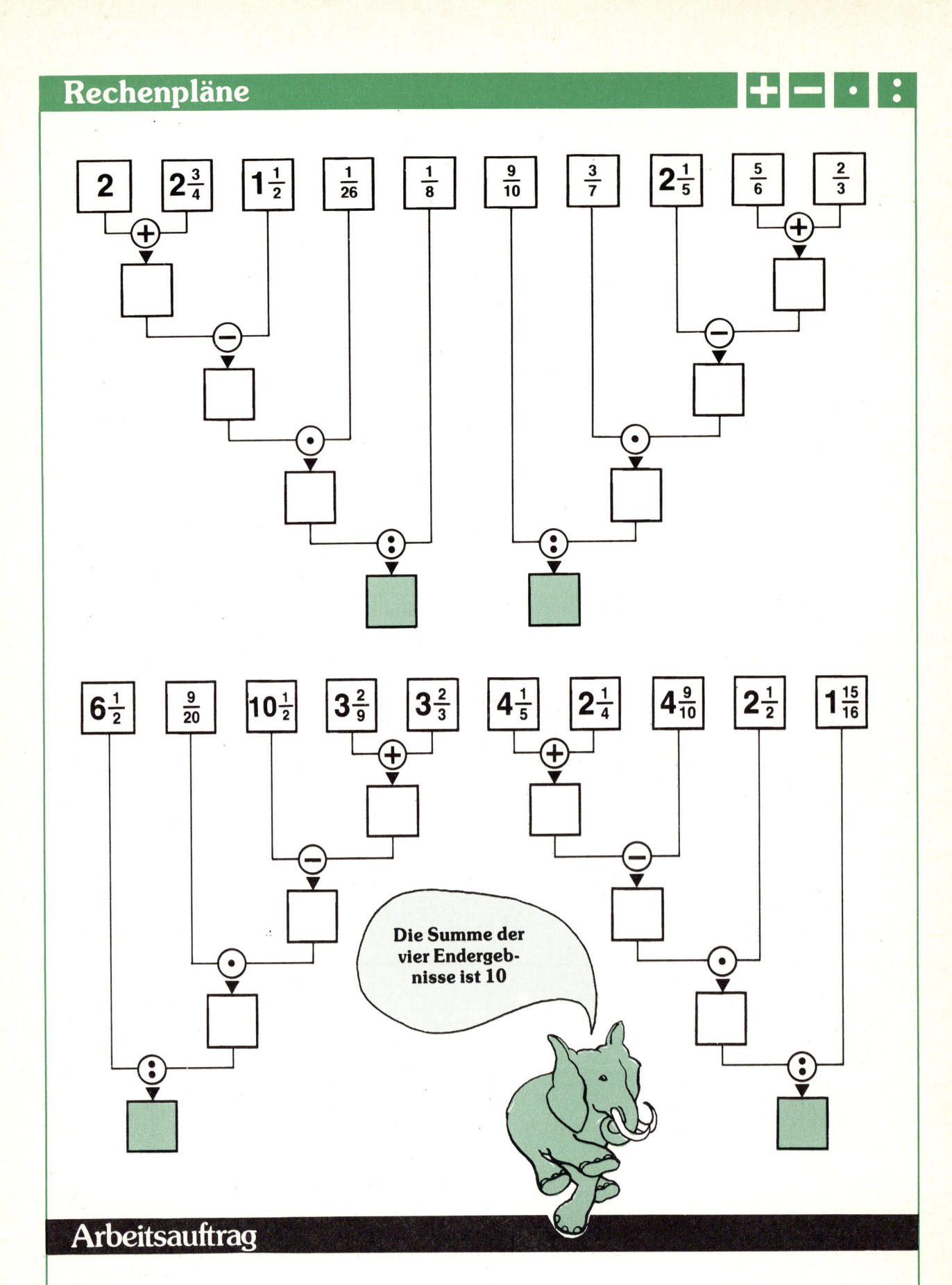

Mit Hilfe der vier Grundrechenarten erreichst du das richtige Endergebnis.
Fülle die Leerstellen aus.

Im Kreis herum

Nur nicht schwindlig werden.

Arbeitsauftrag

Rechne im Kreis herum, und du wirst wieder am Ausgangspunkt ankommen.
Die zwei nebeneinander- und die zwei übereinanderstehenden Bruchzahlen benachbarter Aufgaben sind immer gleich groß.

Kleeblatt

Arbeitsauftrag

Rechne in Pfeilrichtung, dann kommt jede Lösung auf dieser Seite zweimal vor.

Verlorene Zahlen $+\ -\ \cdot\ :$

$1\frac{1}{2}\ \oplus\ 1\frac{1}{5}\ =\ \Box$
$\ominus\quad\ \ \odot\quad\ \ \ominus$
$\frac{2}{3}\ \odot\ 1\frac{4}{5}\ =\ \Box$
$=\quad\ =\quad\ =$
$\Box\ \oplus\ \Box\ =\ \Box$

$\frac{8}{15}\ \oplus\ \frac{2}{5}\ =\ \Box$
$\odot\quad\ \ \odot\quad\ \ \odot$
$\Box\ \ominus\ \Box\ =\ \frac{1}{3}$
$=\quad\ =\quad\ =$
$\Box\ \ominus\ \frac{2}{5}\ =\ \Box$

Manchmal hilft nur die Umkehraufgabe weiter.

$\Box\ \oplus\ 2\frac{2}{5}\ =\ 10\frac{9}{10}$
$\ominus\quad\ \ \odot\quad\ \ \ominus$
$\Box\ \oslash\ 1\frac{3}{4}\ =\ 2\frac{2}{5}$
$=\quad\ =\quad\ =$
$\Box\ \oplus\ \Box\ =\ \Box$

$\Box\ \odot\ \Box\ =\ \Box$
$\oslash\quad\ \ \ominus\quad\ \ \ominus$
$\Box\ \oplus\ \frac{1}{5}\ =\ \frac{19}{20}$
$=\quad\ =\quad\ =$
$\Box\ \oplus\ 5\frac{3}{10}\ =\ 7\frac{3}{10}$

Arbeitsauftrag

In jeder Aufgabengruppe sind die Rechenzeichen anders angeordnet.
Trage die fehlenden Bruchzahlen ein.

Regeln zur Erinnerung

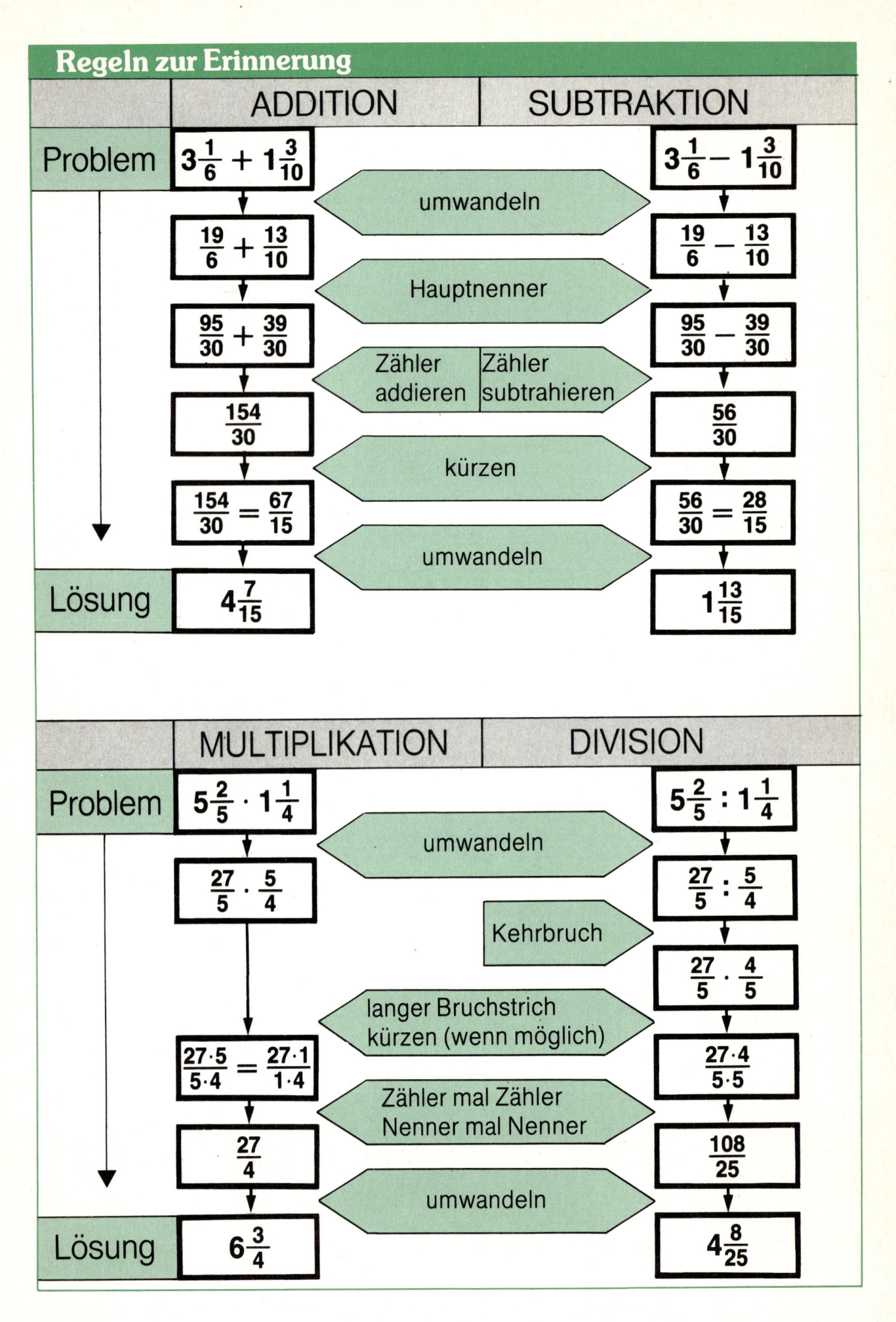

ADDITION | SUBTRAKTION

	ADDITION		SUBTRAKTION
Problem	$3\frac{1}{6} + 1\frac{3}{10}$	umwandeln	$3\frac{1}{6} - 1\frac{3}{10}$
	$\frac{19}{6} + \frac{13}{10}$	Hauptnenner	$\frac{19}{6} - \frac{13}{10}$
	$\frac{95}{30} + \frac{39}{30}$	Zähler addieren / Zähler subtrahieren	$\frac{95}{30} - \frac{39}{30}$
	$\frac{154}{30}$	kürzen	$\frac{56}{30}$
	$\frac{154}{30} = \frac{67}{15}$	umwandeln	$\frac{56}{30} = \frac{28}{15}$
Lösung	$4\frac{7}{15}$		$1\frac{13}{15}$

MULTIPLIKATION | DIVISION

	MULTIPLIKATION		DIVISION
Problem	$5\frac{2}{5} \cdot 1\frac{1}{4}$	umwandeln	$5\frac{2}{5} : 1\frac{1}{4}$
	$\frac{27}{5} \cdot \frac{5}{4}$	Kehrbruch	$\frac{27}{5} : \frac{5}{4}$
			$\frac{27}{5} \cdot \frac{4}{5}$
	$\frac{27 \cdot 5}{5 \cdot 4} = \frac{27 \cdot 1}{1 \cdot 4}$	langer Bruchstrich kürzen (wenn möglich)	$\frac{27 \cdot 4}{5 \cdot 5}$
	$\frac{27}{4}$	Zähler mal Zähler Nenner mal Nenner	$\frac{108}{25}$
		umwandeln	
Lösung	$6\frac{3}{4}$		$4\frac{8}{25}$